SEIBT
GOETHES AUTORITÄT
ZU KLAMPEN

Reihe zu Klampen Essay
Herausgegeben von
Anne Hamilton

Gustav Seibt,
geboren 1959 in München,
lebt heute in Berlin. Er war Redakteur
bei der Frankfurter Allgemeinen Zeitung,
Autor der ZEIT und arbeitet seit 2001 für
die Süddeutsche Zeitung. 1995 wurde
ihm der Sigmund-Freud-Preis für wissen-
schaftliche Prosa, 1999 der Hans-Reimer-
Preis der Aby-Warburg-Stiftung, 2011
der Deutsche Sprachpreis und 2012 der
Friedrich-Schiedel-Literaturpreis verlie-
hen. Von ihm erschienen sind u. a. »Rom
oder Tod. Der Kampf um die italienische
Hauptstadt« (2001), »Goethe und Napoleon. Eine historische Begegnung«
(2008) und bei zu Klampen »Canaletto
im Bahnhofsviertel. Kulturkritik und
Gegenwartsbewußtsein« (2005) sowie
»Deutsche Erhebungen. Das Klassische
und das Kranke« (2008).

GUSTAV SEIBT

Goethes Autorität

Aufsätze und Reden

zu Klampen   *Essay 2013*

Inhalt

Weltgeist auf Spaziergängen
Wo das kulturelle Herz Deutschlands schlägt · 7

Goethes historische Zeit
*Rede zum Dank für den Deutschen Sprachpreis
in Weimar am 30. September 2011* · 15

Sein Kaiser
Goethe im Empire · 29

Goethes Autorität
Vom Leben mit der Überlegenheit · 57

Doktor Faustus II.
Über die Wiedererkennungen des William Gaddis · 75

Nicht mitmachen
Meine Außenseiter · 87

Dem Niagara entgegen
*Über Jacob Burckhardts Vorlesungen
zur Geschichte des Revolutionszeitalters* · 103

Die Europäische Freiheit
*Friedrich von Gentz und
die Pluralität der Staaten* · 115

Im Land des Ungehorsams
*Fahrt zu den Schauplätzen von
Theodor Fontanes Roman »Vor dem Sturm«* · 137

Der Einspruch des Körpers
*Philosophien des Lachens
von Platon bis Plessner – und zurück* · 147

Nachwort · 173

Weltgeist auf Spaziergängen
Wo das kulturelle Herz Deutschlands schlägt

PREUSSEN erlebt gerade eine seiner periodischen Wiederauferstehungen im historischen Gedächtnis. Angeregt von den Jahrestagen seiner Niederlagen und seiner Reformen vor zweihundert Jahren, befeuert von glänzenden Darstellungen wie der Christopher Clarks (»Preußen«) oder der Günter de Bruyns (»Als Poesie gut«), die beide Bestseller wurden, entdeckt das Publikum einen mit Geist und Wissenschaft verbündeten Staat jenseits des Militarismus. Die intellektuelle Humboldt-Nostalgie und die unverminderte Aktualität von Schinkels Funktionalismus tun ein Übriges.

Aktuell dürfte ebenso wichtig sein, dass ein Jahrzehnt nach dem Hauptstadtumzug die Neuankömmlinge begonnen haben, sich im Berliner Umland einzurichten, in alten Gutshäusern oder Scheunen, neben den schlichten Kirchen mit ihren Soldaten- und Dichtergräbern. Fontane wird einer neuen Generation zum lokalhistorischen Führer ins Preußische, und eigentlich wartet man auch auf Neuausgaben der »Hosen des Herrn von Bredow« von Willibald Alexis und anderer Heimatliteratur, die ja auch in der DDR nie ihre Stellung verloren hatte.

Aber so schön die steppenhafte Stille zwischen Beeskow und Angermünde für den ruhebedürftigen Großstädter ist, so gern man Bio-Obst aus Brodowin genießt, so hübsch die Gutshäuser bei Großziethen anmuten: Es sind eben vor allem Stille und Leere, die diese Gebiete so reizvoll machen für Großstädter, die gern einmal dem Überangebot entfliehen und am Wochenende eine kleine Offiziersanekdote zu schätzen wissen, von einem Junker, der einem königlichen Befehl ausnahmsweise nicht folgte und auf sein Grab schrieb: »Wählte Ungnade, wo Gehorsam nicht Ehre brachte.«

Wer zweihundert Kilometer weiter nach Süden fährt, gelangt in ein Gebiet, wo deutlich mehr los war, dessen Geschichte so verzwickt und kleinteilig ist, dass sie für nostalgische Identifikationen völlig untauglich ist, obwohl von hier buchstäblich fast alles ausging, womit Deutschland die Welt positiv beeinflusst hat. Zwischen Wittenberg an der Elbe und Weimar an der Ilm erstrecken sich diese nach Süden zu immer gebirgigeren Gegenden, in deren kleinen Städten sich für drei Jahrhunderte eine geistige Produktivität in einer Dichte entfaltete, für die man Parallelen nur in der Toskana der Renaissance oder im antiken Griechenland findet. Thüringen und die ehemals anhaltischen Gebiete sind das, was man in Italien immer von Umbrien sagt: das Herz unseres Landes. Aber davon schweigen des Liedes Stimmen, die von Preußen so viel zu sagen wissen.

Das ist seltsam, weil eine bloße Aufzählung schon die Frage aufwirft, wie das möglich war: Von hier ging die lutherische Reformation in die Welt, die sich zwischen Erfurt und Wittenberg entwickelte und ohne die beispielsweise die Vereinigten Staaten von Amerika nicht das wären, was sie sind. Hier wurde, zwischen Weimar und Dessau, der Stil des Bauhauses entwickelt, der das Aussehen der Metropolen auf dem ganzen Globus bis heute prägt. Hier waren die Wirkungsstätten von Bach und Goethe, hier war zuvor von Luther in seiner Bibelübersetzung die deutsche Sprache geschaffen worden, mit der wir uns heute noch schriftlich verständigen.

Als Goethe 1813 die Totenrede auf Christoph Martin Wieland hielt, da sagte er, in Anspielung auf die Schlacht von Jena und Auerstedt, die Weltgeschichte habe sich »auf unseren Spaziergängen« entschieden. Das gilt mehr noch im Geistigen. Als Napoleon 1806 von Jena nach Weimar ritt, da lag in der einen Stadt die »Phänomenologie des Geistes« auf einem Schreibtisch, in der anderen der erste Teil des »Faust«. Aber beherrscht wurden diese Gebiete nicht von einem glanzvollen Machtstaat, sondern von ineinander verkeilten Fürstentümern, die anderswo als bessere Grundherrschaften gegolten hätten.

Da gab es an der Elbe einen Fürsten, der sein ganzes Land in einen Landschaftsgarten verwandelt hatte und die Abschlussprüfungen an seinen Schulen gern selbst abnahm. In Jena stand eine

Universität, die von vier Trägern mühsam auf den Beinen gehalten wurde, an der aber soeben ein Umsturz der Philosophiegeschichte stattgefunden hatte. In Weimar hatte der Herzog sich gerade von seinem besten Dichter eine neue Innenausstattung für sein Schloss entwerfen lassen. Im Sommer spielte man in einem Nest namens Lauchstädt vor fünfhundert Leuten, meist Studenten aus Halle, Stücke, die eigentlich vor das Publikum einer »Comédie française« gehört hätten, und der abwesende Theaterdirektor, Herr von Goethe, ließ sich von seiner Lebensgefährtin die Abendeinnahmen melden – sie bewegten sich zwischen 350 Talern (bei Schiller) und 250 (bei Goethe).

Man muss einmal nach Lauchstädt fahren, wo der Theaterraum, wie ihn Goethe selbst bis in die Farbgebung hinein entworfen hat, fast unverändert noch besteht, um dieses erschütternde Missverhältnis von puppenhafter Umgebung und geistigem Höhenflug zu ermessen. Der Weltgeist bewegte sich wirklich auf Spaziergängen, und die meisten verlaufen noch am selben Ort. So in Ilmenau, in Ossmannstedt oder Bad Berka – kaum ein Ort, wo nicht ein klassisches Werk geschaffen wurde.

Was hat diese Produktivität ermöglicht? Man könnte große Theorien dazu entwickeln, beispielsweise die von der Situation eines ehemaligen Koloniallandes, in dem die Dinge, die anderswo schon entwickelt worden waren, noch einmal vereinfacht und zugespitzt und somit erst richtig exportfähig gemacht wurden: die deutsche Sprache, die hier von Luther dialektarm fürs Überregionale geschliffen wurde, oder das Christentum, das derselbe Luther vom Gewimmel der Heiligen und kirchlichen Vorschriften befreite, oder das funktionale Bauen, das sich hier im Klassizismus von Wörlitz und im Bauhaus so schön wie praktisch und kostengünstig ausbildete.

Handfester ist vielleicht die kleinhöfische Situation: Sie bot die Verbindung von Schutz nach außen mit materieller Beschränkung im Inneren, die zusammen Eigensinn und Einfallsreichtum beförderten. Ohne seinen sächsischen Fürsten wäre Luther einer der vielen verbrannten Ketzer des Spätmittelalters geworden. Und der Repräsentationsbedarf von einem Dutzend Höfen auf engstem Raum befeuerte ein riesiges Kunsthandwerk zur ästhetischen Erziehung einer ganzen Region – aber mit bescheidensten Mitteln. Die Kultur zwischen Wörlitz und Weimar besteht weitgehend aus Gips, Pappmaché und heimischen Baustoffen, der Glanz musste hier ganz aus der Konzeption, dem glücklichen Einfall kommen. Die untrügliche Sicherheit im Geschmack, bis in die Dekors, legen Zeugnis ab von dieser verbreiteten ästhetischen Erziehung.

Ähnliches gilt für die Musik, die hier kaum mit den großen Apparaten der Oper und der höfischen Repräsentation arbeiten konnte, sondern weithin Kirchen- und Kammermusik war. Das Land, in dem alle fünfzig Kilometer ein Schloss steht, brachte kein Versailles mit allem, was daran hängt, hervor, nicht einmal ein Potsdam, aber Werke, die vor Kirchenbänken oder auf ein paar Brettern aufgeführt wurden: die »Matthäuspassion« und den »Torquato Tasso«. Die Lutherbibel wurde in einer Turmstube fertiggestellt und dann vor hundert Studenten interpretiert. Die Kraft der einzigartigen Produktivität im mitteldeutschen Raum kommt aus der Intimität.

Sie bedeutete nie Provinzialität, weil höfische Kultur, welchen Zuschnitts auch immer, unvermeidlich international vernetzt ist, schon aus ständischen Heiratsgründen. Anhaltinische und sachsencoburgische Prinzen und Prinzessinnen gelangten auf die Throne Russlands und Englands, Belgiens und Bulgariens und auf viele kleinere.

All das hat Deutschland geerbt, und weil es ein föderalistischer Staat ist, zwei seiner ärmeren Länder, nämlich Sachsen-Anhalt und Thüringen. Und hier zeigt sich, wie problematisch es ist, dass wir zwar eine großstädtisch-elegante Preußen-Nostalgie haben, aber kein rechtes Bewusstsein von den Kerngebieten zwischen Elbe und Thüringer Wald. Auch Dresden war für nationale Anstrengungen, gestützt von den Fernsehanstalten, gut, aber in Weimar konnte eine Bibliothek ausbrennen, weil kein Geld für ein Zwischenlager da war.

Dabei geht es der Weimarer Klassikstiftung noch vergleichsweise gut. Das Wörlitzer Gartenreich ist grotesk unterfinanziert, und in Thüringen musste man nur aus Weimar herausgehen, beispielsweise nach Gotha, um bis gestern eine fast unvorstellbare Verwahrlosung zu finden. In Gotha steht ein Schloss, das 1643 begonnen wurde, und das man als die erste Wiederaufbaukunst nach dem Dreißigjährigen Krieg verstehen kann; ein historisch erstrangig interessanter Ort mit schweren wulstartigen Stukkaturen, die damals von Italienern gefertigt wurden – erste Wiederanknüpfung an den ästhetischen Weltverkehr. Aber wer kennt schon Gotha? Den Roman »Die verlorene Handschrift« von Gustav Freytag, der unter anderem im dortigen Schloss spielt, liest niemand mehr, und die Sozialdemokratie, die sich dort ihr wichtigstes Programm gab, hat andere Sorgen als ihre Traditionspflege. Noch vor fünfzig Jahren freilich, als Thomas Mann über Gotha nach Weimar fuhr, machte er selbstverständlich Halt am Grab von Freytag im Vorort Siebleben, um seines einst berühmten Kollegen zu gedenken.

Thüringen und Anhalt erleiden heute ein Aufmerksamkeitsdefizit, weil sie in ihrer Mitte kein Berlin haben, von dem aus neugierige Großstädter sich mit Literatur unterm Arm in die Dörfer und Residenzen aufmachen. Dabei sind es die kultiviertesten, historisch interessantesten Gebiete Deutschlands, die ihren Fontane schon deshalb nicht gefunden haben, weil über sie viel zu viel zu erzählen gewesen wäre.

Goethes historische Zeit

Rede zum Dank für
den Deutschen Sprachpreis in Weimar
am 30. September 2011

Als Großherzog Carl August von Sachsen-Weimar und Eisenach am 14. August 1828 in Graditz bei Torgau starb, war sein Sohn, der Erbgroßherzog Carl Friedrich, weder in seiner Nähe noch auch nur in Weimar. Zusammen mit seiner Gemahlin, der Großfürstin Maria Paulowna, besuchte er deren Bruder, den russischen Zaren Nikolaus I., in der Sommerresidenz Pawlowsk unweit von St. Petersburg. Das nun großherzogliche Paar brauchte mehrere Wochen, um heimzukehren, bis Ende Juli. Da war Carl August längst bestattet worden. Bei dem feierlichen Begräbnis des Großherzogs fehlte also nicht nur Goethe, sein engster Freund und Vertrauter, sondern auch der eigene Sohn; weder seine Gemahlin, die Großherzogin Louise, die leidend in Wilhelmsthal weilte, war anwesend noch Prinz Bernhard. Carl August wurde vom Hofadel, den Vertretern der Stände und den Honoratioren des Staates zu Grabe geleitet.

Wie schwer sich Goethe auch mit diesem Tod eines Nächststehenden tat, lässt sich dem fast schneidend knappen Brief entnehmen, den er erst vierzehn Tage nach Carl Augusts Ableben an die verwitwete Großherzogin Louise schrieb – eine Kondolenz mag man das eigentlich nicht nennen: »Schon alle die letzten traurigen Tage her suche ich nach Worten, Ew. Königlichen Hoheit auch aus der Ferne schuldigst aufzuwarten, wo aber sollte der Ausdruck zu finden seyn, die vielfachen Schmerzen zu bezeichnen die mich beängstigen? und wie soll ich wagen, den Antheil auszusprechen zu dem die gegenwärtige Lage Ew. Königlichen Hoheit mich auffordert?« Umso auffälliger ist die zarte Rücksicht, mit der das großherzogliche Haus auf Goethes wohlbekannten Schrecken vor dem Tod und allen Trauerfeierlichkeiten einging. Schon am 3. Juli, wenige Tage vor dem Staatsbegräbnis, erhielt er, wie das Tagebuch festhält, die »Vergünstigung eines Aufenthalts in Dornburg«; am 7. Juli, am Morgen des Tages, an dem die Leiche des Toten feierlich aufgebahrt wurde, reiste Goethe ab.

Zu diesem Zeitpunkt hatte ihn schon ein Schreiben erreicht, in dem der neue Großherzog und seine Gemahlin ihm, dem Freund des Toten, ihr Beileid aussprechen ließen, wenn auch nicht mit eigener Hand, sondern durch den Generaladjutanten Friedrich August von Beulwitz, den sie mitteilen ließen, »daß mitten in dem eigenen Schmerz der Gedanke an den Eurer Exzellenz Höchst Denenselben vorgeschwebt hat«, und dass nur der Drang des Augenblicks sie davon abgehalten habe, eigenhändig zu schreiben. Ein Fürstenpaar kondoliert dem ältesten

Minister des eigenen Landes zum Tod des verstorbenen Monarchen und Vaters, einem Minister wohlgemerkt, der sich dem nun zu begehenden Akt der Staatstrauer mit allerhöchster Erlaubnis entzog – so hatten sich in Weimar in den fünf Jahrzehnten von Goethes Wirken die Rangverhältnisse justiert. Die Abwesenheit Goethes in den Sommermonaten 1828 führte unter anderem auch dazu, dass er an der feierlichen Eidesleistung für den neuen Großherzog am 12. August in Weimar nicht teilnahm.

Die Ungeheuerlichkeit der Flucht auf die Dornburg hat Albrecht Schöne in einem der bedeutendsten Texte, die je über Goethe geschrieben wurden, ans Licht gehoben. Dass der Brief, den Goethe drei Tage nach seiner Ankunft auf dieser »Felsenburg« (so Goethe an Knebel) an Zelter schrieb – ihr gilt Schönes Abhandlung –, gleichwohl eine der »großen Antworten des Menschen auf die menschliche Sterblichkeit« ist, hat dessen Auslegung unwiderleglich zur Anschauung gebracht.

Ähnliches könnte man von dem langen Schreiben sagen, mit dem Goethe wenige Tage nach seinem ersten Dornburger Brief an Zelter dem Kammerherren von Beulwitz, also eigentlich dem neuen Großherzog Carl Friedrich und seiner Frau Maria Paulowna, antwortete. Auch dieser Brief – Goethe schrieb und feilte vier Tage an ihm, vom 14. bis zum 18. Juli 1828 – ist keine Kondolenz. Er ist vieles in einem, zeremoniöses Huldigungsschreiben, Lebensresümee und Ermahnung, nicht zuletzt kann er als Goethes politisches Testament begriffen werden. Der Brief an Beulwitz, dessen schwarzumrandetes Konzept Goethe Eckermann noch zweieinhalb Jahre später in einer feierlichen Stunde zu lesen gab, antwortet auf eigene, unverkennbare Weise auf den Tod. Denn er handelt von der historischen Zeit und entwickelt dabei eine Anschauung von menschlicher Geschichte insgesamt. Goethes Text lässt sich überraschenderweise auf eine der bedeutendsten und folgenreichsten Abhandlungen der Geschichtswissenschaft des 20. Jahrhunderts beziehen, auf Fernand Braudels Theorie der historischen Zeiten. Er erlaubt uns Heutigen also die Frage, wo Goethes Geschichtsbegriff im Spektrum der uns zugänglichen historischen Erfahrungen steht.

Der Anfang sei bei Braudel genommen. Dieser hat 1958 im Oktober-Heft der Zeitschrift »Annales« ein dreistufiges Modell geschichtlicher Zeit entwickelt, das von der Ereignisgeschichte bis zur Strukturgeschichte reicht, von den sichtbaren Geschehnissen der Oberfläche wie Kriegen, Feuersbrünsten, Eisenbahnkatastrophen, Verbrechen und Theateraufführungen bis zu den grundlegenden, auf natürlichen Bedingungen ruhenden Ordnungen des Daseins, der Wirtschafts- und Herrschaftsbeziehungen, der Weltbilder und Mentalitäten. Auf dem einen Pol also die Vergangenheit als Meer kleinerer oder größerer Fakten, als Stoff für Chronisten und Journalisten, bewegt durch diplomatische Depeschen, Parlamentsreden oder militärische Befehle; am anderen Ende die »longue durée«, die zähe Kohärenz »halber Unbeweglichkeiten«, bedingt etwa durch den Zwang der Geographie und des Klimas, der Siedlungsgeschichte, der Lage an den Küsten oder im Binnenland, aber auch durch bildungsgeschichtliche und religiöse Prägungen der Kultur. Hier Jahreszahlen und Aktionen, dort Formationen wie »Feudalismus«, »Handelskapitalismus« oder »lateinisches Mittelalter« und »aristotelisches Weltbild«.

Zwischen diesen beiden Polen unterscheidet der französische Historiker noch eine mittlere Ebene, auf der sich die Arbeit der Generationen abspielt, in Bevölkerungsschwankungen, Preis- und Zinskurven, Lohnbewegungen, Produktionssteigerungen, Konjunkturen und Depressionen. Als Beispiel nennt Braudel die Entwicklung der Preise, die in Europa zwischen 1791 und 1817 fast nur stiegen, während sie von 1817 bis 1852 fielen. Auch die Wissenschaften und Techniken haben solche Konjunkturen mittlerer, annähernd lebenszeitlicher Dimension, und da hätte Braudel vor allem auch den ganzen Bereich der Literatur- und Kunstgeschichte mit ihren wechselnden Stilen und Moden nennen können. Wer die Beispiele des französischen Historikers sortiert, kann für dessen drei historische Rhythmen annähernd drei Gegenstandsbereiche der Geschichte auseinanderhalten: Krieg und politisch-diplomatisches Handeln spielen sich auf der Ebene der Ereignisgeschichte ab, Bevölkerungs-,

Wirtschafts-, Kultur- und Technikgeschichte im Modus der Konjunkturen und Generationen. Die Geschichte von Landschaften und Herrschaftsformen, von Institutionen, zum Beispiel auch der Kirchen, oder der Sitten und Gebräuche aber in den Riesenwogen der »longue durée«.

Es versteht sich aber von selbst, dass diese Sphären sich nicht reinlich trennen lassen, vor allem aber, dass sie von Fall zu Fall ineinandergreifen. So kann eine länger vorbereitete technische Entwicklung, beispielsweise die Handfeuerwaffe, auf einmal ganz punktuell einen Krieg entscheiden und in längerer Wirkung eine ganze Herrschaftsordnung umstürzen. Der Buchdruck gehört zweifellos zu den konjunkturellen Ereignissen, die in beide Richtungen ausstrahlten – ereignisgeschichtlich ermöglichte er die lauffeuerhafte Ausbreitung der Reformation, strukturgeschichtlich die Entwicklung von Öffentlichkeit im modernen Sinn. Es ist die Aufgabe moderner Historie, solche Ebenen zunächst auseinanderzuhalten, in einem zweiten, entscheidenden Schritt aber auch wieder zusammenzuführen.

Wer Goethes an den Obersten von Beulwitz, eigentlich aber an das Weimarer neue Herrscherpaar gerichteten Brief mit Braudels Unterscheidungen im Kopf liest, wird dort mühelos und in großer Klarheit die drei Zeitebenen unterscheiden können. Das beginnt schon damit, dass die Epistel auf ein einschneidendes, den Absender wie die Empfänger gleichermaßen tief berührendes Ereignis reagiert, den Tod des Landesherren. Und es endet damit, dass der Brief zu einem großen, ja fast überwiegenden Teil mit Schilderungen von Örtlichkeiten und Landschaften gefüllt ist; wie schon der erste Dornburger Brief an Zelter enthält er eine ruhige, weit ausschwingende Darstellung der Dornburger Schlösser und der von dieser »Zinne« aus überblickten Umgebung. Damit sind die beiden äußeren Zeitpole markiert, der schockhafte Verlust eines Menschen durch den Tod einerseits und die tröstend dagegengesetzte Dauerhaftigkeit einer vom Menschen nur mitgeschaffenen Landesnatur andererseits.

Goethe beginnt seinen Brief fast herausfordernd mit einem zur Freude aufrufenden Zitat, nämlich der Inschrift über dem Portal zu dem südlichsten der drei Dornburger Schlösser: »Freudig trete herein und froh entferne dich wieder! / Ziehst du als Wandrer vorbei, segne die Pfade dir Gott.« So lautet seine Übersetzung des lateinischen Distichons. Es gibt ihm zusammen mit der schönen architektonisch-plastischen Einfassung der Tür »die Überzeugung, daß vor länger als zweyhundert Jahren gebildete Menschen hier gewirkt, daß ein allgemeines Wohlwollen hier zu Hause gewesen«. Der Vers ruft in Goethe die Erinnerung hervor, »gerade ein so einladend-segnendes Motto sey durch eine Reihe von mehr als funfzig Jahren der Wahlspruch meines verewigten Herrn gewesen«: »Hier schien es also, daß ich abermals bey ihm einkehre als dem wohlwollenden Eigenthümer dieses uralten Hauses, als dem

Nachfolger und Repräsentanten aller vorigen gastfreyen und also auch selbst behaglichen Besitzer.«

Das ist der erste Einspruch gegen den Tod in diesem Text, die Vergegenwärtigung des Kommens und Gehens der Generationen im gemeinsamen Zeichen von Wohlwollen und Bildung. Der Verstorbene geht ein in diese Kette. Im nächsten Schritt erweitert Goethe das durch die Aufzählung der drei Dornburger Schlösser, die für drei Epochen der Geschichte stehen. Alle drei sind sie hingestellt auf eine schroffe Felskante, doch jedes zeigt ein anderes zeitliches Gesicht: Am nördlichen Ende »ein hohes, altes, unregelmäßig-weitläufiges Schloß, große Säle zu kaiserlichen Pfalztagen umschließend, nicht weniger genugsame Räume zu ritterlicher Wohnung; es ruht auf starken Mauern zu Schutz und Trutz.« Hier wird das Hochmittelalter zum Bild. Weiter südlich aber steht ein »heiteres Lustschloß neuerer Zeit, zu anständigster Hofhaltung und Genuß in günstiger Jahreszeit«, also das kleine Rokoko-Schlösschen von Carl Augusts Vorgänger Ernst August aus den Jahren um 1750. Am südlichsten Ende dann ein Renaissance-Bau, das sogenannte Freigut, in dem Goethe selbst wohnt und seinen Brief schreibt und dessen Portalinschrift er eingangs zitiert hatte.

In dieser epochal rhythmisierten Abfolge – Mittelalter, Renaissance, Rokoko – aber werden die drei Schlösser Goethe zu einem »erwünschten Symbol« für geschichtlich wandelbare Kontinuität, und zwar einer »für alle Zeiten ruhigen Folge bestätigten Daseyns und genießenden Behagens«. Hier erfährt sein bekümmertes Gemüt die Tröstung, »die vernünftige Welt sey von Geschlecht zu Geschlecht auf ein folgereiches Thun entschieden angewiesen«.

Nach solcher Vergegenwärtigung des Kommens und Gehens der Generationen, ihrer Baustile und Bildungsformen bei gleichbleibendem Wohlwollen, also dessen, was Braudel »Konjunkturen« nennt, geht der Blick des Briefschreibers in noch weitere Ferne auf die umgebende Landschaft. Wie in einer Luftaufnahme zeigt sich ihm die dauerhafte Landkarte der in die Natur eingebetteten Kultur: »Ich sehe zu Dörfern versammelte ländliche Wohnsitze, durch Gartenbeete und Baumgruppen gesondert, einen Fluß, der sich vielfach durch Wiesen zieht, wo eben eine reichliche Heuernte die Emsigen beschäftigt; Wehr, Mühle, Brücke folgen auf einander, die Wege verbinden sich auf- und absteigend. Gegenüber erstrecken sich Felder an wohlbebauten Hügeln bis an die steilen Waldungen hinan, bunt anzuschauen nach Verschiedenheit der Aussaat und des Reifegrades. Büsche, hie und da zerstreut, dort zu schattigen Räumen zusammengezogen. Reihenweis auch den heitersten Anblick gewährend seh ich große Anlagen von Fruchtbäumen; sodann aber, damit der Einbildungskraft ja nichts Wünschenswerthes abgehe, mehr oder weniger aufsteigende, alljährlich neu angelegte Weinberge.« Das einleuchtendste Beispiel für seine »lange Dauer« fand

Braudel in der Geographie: »Jahrhundertelang ist der Mensch der Gefangene des Klimas, der Vegetation, der Tierwelt, der Bodennutzung, kurzum eines im Lauf der Zeit langsam aufgebauten Gleichgewichts.« Goethe sagt es freundlicher: »Das alles zeigt sich mir wie vor funfzig Jahren und zwar in gesteigertem Wohlseyn.«

Dieses gewaltige, reich gegliederte Bild von langsamem Wandel und naturhafter Kontinuität, vom Zusammenhang menschlicher Arbeit und Kultur in der Abfolge der Generationen, bietet Goethe auf zur Tröstung gegen den von ihm und seinen neuen Herrschaften gemeinsam erlittenen Tod des Großherzogs. Der Tote wird gleichsam vergöttlicht als segnender Geist, der durch sein Ableben in die Landschaft eingegangen ist. Doch nicht nur Trost ist das, sondern auch eine Mahnung, der Appell an die jungen Herrscher, im alten Sinne fortzufahren. »Ein so geregeltes sinniges Regiment waltet von Fürsten zu Fürsten.« Und wieder unterscheidet Goethe zwei Zeitmaße: »Feststehend sind die Einrichtungen, zeitgemäß die Verbesserungen; so war es vor, so wird es nach sein, damit das hohe Wort eines Weisen erfüllt werde, welcher sagt: ›Die vernünftige Welt ist als ein großes unsterbliches Individuum zu betrachten, welches unaufhaltsam das Notwendige bewirkt und dadurch sich sogar über das Zufällige zum Herrn erhebt.‹«

Zum Herrn sogar über das Zufällige: Das ist die dritte Zeitstufe des Textes, die der Ereignisgeschichte, die er am wenigsten bedenkt, denn, natürlich: Wer wie Goethe, den Tod »nicht statuiert«, der kann eigentlich auch die Ereignisgeschichte nicht statuieren. Und doch flackert auch sie noch jenseits des traurigen Anlasses durch diesen großen Brief. Die Wohnung, über deren Portal das wohlwollende Distichon steht, sei, so heißt es gleich zu Beginn »durch so viele Kriegs- und Schreckenszeiten hindurch aufrecht bestehend erhalten worden«. Und beim Blick über die blühenden, von Siedlungen, Feldern und Ernten geschmückten sommerlichen Fluren, hält dieser Lynkeus fest: »Keine Spur von Verderben ist zu sehen, schritt auch die Weltgeschichte hart auftretend gewaltsam über die Thäler.« Nur ein Nebensatz ist es, aber er hat die Wucht der großen malerischen Allegorie des Krieges, die man bis vor kurzem Goya zugeschrieben hat: »schritt auch die Weltgeschichte hart auftretend gewaltsam über die Täler.« Goethe, der sich mit der Geschichte Dornburgs gut auskannte, mag hier an eine Episode aus dem Dreißigjährigen Krieg gedacht haben, die ein von ihm damals studiertes antiquarisches Heft zu den Dornburger Schlössern erzählte; doch vor allem muss ihm die große Schlacht von 1806 vor Augen gestanden haben, die nur wenige Kilometer entfernt bei Auerstedt und Jena begonnen und sich an ihrem Ende bis auf sein eigenes Haus in Weimar ausgedehnt hatte, und die, in Gestalt einer preußischen Besatzung natürlich auch Dornburg berührte. Auch durchs Tal der Saale unterhalb der Burgzinne trat die Weltgeschichte in diesen Oktoberwochen hart auf, preußische und napoleonische Heere durchzogen es in langen Reihen.

Aber sie hinterließ eben keine Spur des Verderbens. Nein, hier deutet in diesen Sommertagen von 1828 alles längst wieder »auf eine emsig folgerechte, klüglich vermehrte Cultur eines sanft und gelassen regierten, sich durchaus mäßig verhaltenden Volkes«. Wir notieren, dass das Wort »Weltgeschichte« hier, wie übrigens öfter beim späten Goethe, eigentlich mit Kriegs- und Ereignisgeschichte zusammenfällt, also nur die erste der Braudelschen Zeitebenen, das bewegte Meer der Fakten, bezeichnet. Es ist die Ebene, von der Goethe am geringsten denkt, der Mischmasch aus Irrtum und Gewalt, aus dem für ihn nicht nur die Kirchengeschichte besteht. Ein Stück Weltgeschichte hatte er als das Desaster des in Regen, Kälte, Hunger und Krankheit scheiternden Feldzuges von 1792 selbst erlebt und dargestellt. Was er dagegen setzte, war die Kontinuität von Arbeit und Bildung in einer von Menschenhand kultivierten, gelassen regierten und maßvoll genutzten Natur. Wer diesen Brief liest, wird die gewaltsame Kolonisierung am Ende des »Faust« nicht mehr missverstehen können.

Was hat das mit uns zu tun? Die erstaunliche Nähe von Goethes Trost- und Mahnbrief an seine neuen Herrschaften zu Fernand Braudels Schichtenmodell historischer Zeit, sagt auch etwas über Reichweite und Gültigkeit dieses Modells aus. Braudels Konzept wurde formuliert in einer Gegenwart, für die es eigentlich schon überholt war, weil die Ereignisgeschichte längst die Gewalt erreicht hatte, irreversibel in die Strukturen der »longue durée« einzugreifen. Die Spuren des Verderbens lassen sich eben nicht mehr verwischen, wenn menschliche Arbeit das planetarische Klima verändert oder menschliche Politik die Atombombe zur Verfügung hat. Die Kontinuität der Sitten ist längst von einem sozialen Wandel überholt worden, der schneller verläuft als menschliche Lebenszeit. Der Geschichtsbegriff Braudels passt bei aller grundsätzlichen heuristischen Kraft am besten auf die Epochen des europäischen Mittelalters und der frühen Neuzeit vor dem Beginn des industriellen Zeitalters und der mit ihm einsetzenden Beschleunigung aller menschlichen Lebensverhältnisse. Hier findet sich jene Verbindung von Statik und Dynamik, von Struktur, Konjunktur und Ereignisgeschichte, die ein welthistorisches Kennzeichen des Alten Europa vor den Revolutionen des 18. Jahrhunderts gewesen ist.

Und genau an dieser Schwelle stand Goethe als Zeitgenosse dieser Sattelzeit. Der Dichter des »Faust«-Schlusses sah ja, was im Kommen war, das Maschinen-Zeitalter, das Velozoferische, die Möglichkeit zum Umsturz aller Lebensverhältnisse, nicht nur der politischen Verfassungen. Der Mann, der keine Kondolenzen schreiben konnte, hat vielleicht sogar geahnt, dass eine Weltgeschichte möglich sei, die auf allen ihren Ebenen schneller werden könnte als die menschliche Lebenszeit, als das Kommen und Gehen von Vorfahren und Nachfolgern. Die moderne Geschichtszeit sollte so total werden, dass als letzter, unhintergehbarer Einspruch gegen sie wirklich am Ende nur noch die menschliche Sterblichkeit bleibt – eben jenes Faktum, dem Goethe so ungern ins Antlitz blickte.

Am 15. August 1828, vier Wochen nach dem Brief an Friedrich August von Beulwitz und zwei Monate nach dem Tod von Carl August, notierte Goethe zum letzten Mal in seinem Taschenkalender unter Mariae Himmelfahrt: »Napoleons Geburtstag«.

Sein Kaiser

Goethe im Empire

DER gefährlichste Moment in Goethes Leben war die Nacht nach der Schlacht von Jena und Auerstedt. Vierzigtausend siegreiche französische Soldaten fielen über die kaum siebentausend Einwohner zählende Residenzstadt des feindlichen, mit dem besiegten Preußen verbündeten Herzogtums Weimar her. Die Krieger waren erschöpft, erregt und hungrig; also wurde geplündert, geraubt, verwüstet und in einzelnen Fällen auch vergewaltigt. Fünf Häuser beim Schloss gingen in Flammen auf, bald stand eine kerzengerade Rauchsäule im klaren Oktoberhimmel über der Stadt. Nur der Umstand, dass die vollkommene Windstille eines kalten Herbsttages herrschte, verhinderte eine große Brandkatastrophe. Auf den Straßen lag haufenweise Schießpulver, das die nach Erfurt flüchtenden Preußen zurückgelassen hatten. Ein Funke hätte verheerende Explosionen verursachen können.

Während Christoph Martin Wieland sofort eine französische Schildwache erhielt, war das Haus Johann Wolfgang von Goethes am Frauenplan in der Nacht vom 14. auf den 15. Oktober 1806 schutzlos. Man wartete auf den Marschall Ney, der bei dem Weimarer Minister einquartiert war, doch einstweilen klopften nur marodierende Soldaten ans Tor, die in den unteren Räumen im vorderen Teil des Hauses untergebracht wurden. Spät nachts aber drangen noch zwei aggressive, mutmaßlich betrunkene Tirailleurs bis in die hinteren Zimmer vor, in die Goethe und die Seinen sich zurückgezogen hatten. Was genau geschah, ist unbekannt, der Dichter hat darüber eisern geschwiegen. Durch Standhaftigkeit und Glück sei man gerettet worden, heißt es unbestimmt im Tagebuch. Christiane scheint die entscheidende Rolle gespielt zu haben; mit Hilfe eines Weimarer Nachbarn gelang es ihr, so erzählte man sich, die Eindringlinge von Goethes Schlafzimmer abzuhalten. Sie warfen sich daraufhin in das für Ney bestimmte Bett, aus dem der Marschall sie am nächsten Morgen mit flacher Klinge verjagte.

Den Tod und den möglichen Verlust aller Manuskripte und Arbeitspapiere, das hatten diese Stunden vor Goethes Auge gestellt. Die Frau seines späteren Schwagers Vulpius war vergewaltigt worden; sein Freund, der Zeichner Kraus, hatte alle seine in Jahrzehnten geschaffenen Werke verloren und starb wenig später an gebrochenem Herzen; Charlotte von Steins Haus war kahlgeplündert. Näher ist Goethe einer Katastrophe, ja dem totalen Ruin nie gekommen. Den napoleonischen Krieg, der nicht mit Vorratsmagazinen und Nachschublinien geführt wurde, sondern sich vom eroberten Land ernährte, hat er ein Jahr später in einem Marschlied der »Pandora« lakonisch in Worte gefasst. Dort singen die Krieger:

So geht es kühn
Zur Welt hinein,
Was wir beziehn,
Wird unser sein.
Will einer das,
Verwehren wir's
Hat einer was,
Verzehren wir's.

Hat einer g'nug
Und will noch mehr;
Der wilde Zug
Macht alles leer.
Da sackt man auf!
Und brennt das Haus,
Da packt man auf
Und rennt hinaus.

Die nächste politische Folge des Krieges war die Existenzbedrohung des Staates, mit dem Goethe seit dreißig Jahren zusammengewachsen war. »Herzog von Sachsen-Weimar-Eisenach wären wir einstweilen gewesen«, soll Carl August, im preußischen Havelland auf einer Trommel sitzend, gesagt haben. Die Verbündeten des besiegten Preußen schonte Napoleon sonst nicht. Braunschweig, das Herzogtum des wichtigsten preußischen Heerführers, verschwand von der Landkarte; warum hätte das Land des preußischen Generals Carl August bleiben sollen? Am Nachmittag des 15. Oktober kam Napoleon nach Weimar. Die Herzogin Luise erwartete ihn als einzige anwesende Hoheitsträgerin an der Schlosstreppe, umgeben von Hofleuten und Ministern. »Ich beklage Sie, Madame«, rief ihr der vorübereilende Kaiser zu, »ich werde Ihren Mann absetzen – J'écraserai vôtre mari.«

Während zwei langer Monate schwebte diese Drohung über dem kleinen Staat. Erst der Frieden von Posen vom 15. Dezember, mit dem Weimar dem Rheinbund beitrat, machte ihr ein Ende. Zwar musste das Land furchtbar bluten – 2,2 Millionen Franken, ein ganzes Jahresbudget, betrug die Kontribution –, aber Napoleon hatte es nicht gewagt, das Herzogtum, dessen Erbprinz mit der Schwester des Zaren verheiratet war, aufzuheben. Wäre dies geschehen, dann hätte Goethe erst einmal sein Lebensumfeld verloren: sein Jahresgehalt von 1900 Talern, den Zugriff auf die für seine Arbeit unentbehrlichen Bibliotheken und akademischen Institutionen, möglicherweise sein Haus am Frauenplan.

Auf die doppelte Existenzbedrohung, die physische und die materielle, reagierte Goethe blitzschnell und mit ungewohnter Entschiedenheit. Fünf Tage nach der Plünderungsnacht heiratete er, ohne seinen Landesherrn zu fragen, seine nicht ganz standesgemäße Lebensgefährtin Christiane Vulpius, die Mutter seines fünfzehnjährigen Sohnes. Im Trauring war nicht das Datum der Hochzeit, sondern der Tag der Schlacht von Jena eingraviert: 14. Oktober 1806. Goethe trug das Datum der schlimmsten preußischen Niederlage bis an sein Lebensende am Finger. Und er sorgte dafür, dass ihm das Eigentum an seinem Haus definitiv bestätigt wurde. Bisher nämlich zahlte der Herzog die Steuern dafür und erhielt auch die durch ein Braurecht begründeten Einnahmen daraus. Das hätte bei einem Ende des Weimarer Staates zu Missverständnissen Anlass geben können. Nun wurde Goethe regelrechter, steuerzahlender Eigentümer seines Hauses, und damit war auch für den Erbfall vorgesorgt. So tat Goethe in den Tagen und Wochen nach Jena für sich das, was damals in ganz Deutschland begann: Er verwandelte ständische Familien- und Besitzformen in bürgerliche. Goethes ganz persönliche napoleonische Modernisierung war im Januar 1807 abgeschlossen.

Es spricht einiges dafür, dass Goethe den Kaiser der Franzosen zum ersten Mal an jenem 15. Oktober 1806 gesehen hat, als dieser seine Drohungen gegen die Herzogin ausstieß. Goethe war in all diesen Tagen am Hof; warum soll er nicht mit den anderen Kavalieren und Beamten hinter seiner Landesherrin gestanden haben, als diese den Eroberer empfing? Das Tagebuch schließt dies nicht aus; denn Goethe erwähnt im Tagebuch auch sonst keine bloßen Sichtkontakte mit dem Kaiser, wie sich bei anderen Gelegenheiten nachweisen lässt. Sicher ist, dass er am folgenden Tag zu einer Audienz beim Kaiser, dem er als Vertreter des literarischen Weimars hätte aufwarten sollen, nicht erschien. Er meldete sich in letzter

Minute krank, auf einem mit Bleistift beschriebenen Stück Papier: »In dem schrecklichen Augenblick ergreift mich mein altes Übel. Entschuldigen Sie mein Außenbleiben. Ich weiß kaum, ob ich das Billet fortbringe.« Der Empfänger, Kollege Geheimrat Voigt, wusste, was mit »Übel« gemeint war: Goethes schmerzhaftes Nierenleiden. Aber auch sonst konnte ein Zusammentreffen mit dem offenkundig erbosten Sieger für Goethe nichts Verlockendes haben. Sein empfindliches Ehrgefühl musste schon die zu erwartende Abkanzelung scheuen. So vergingen noch zwei Jahre, bevor Goethe wieder Gelegenheit bekam, dem Erschütterer seiner Existenz unter die Augen zu treten.

Was wusste Goethe über Napoleon, als die französische Kriegsfurie nach Weimar kam? So viel, wie man als aufmerksamer deutscher Zeitgenosse nur wissen konnte; vor allem nichts Gutes. Die 1804 anonym erschienene Schrift »Napoleon Bonaparte und das französische Volk unter seinem Consulate« – heute als »Anti-Napoleon« bekannt[1] – hat er selbst rezensiert. Und die »Fragmente aus der neusten Geschichte des Politischen Gleichgewichts in Europa« hatte ihm ihr Verfasser Friedrich von Gentz druckfrisch zugeschickt; Goethe erwähnt sie noch in den späten »Tag- und Jahresheften« für 1806. Freilich, eine Rezension des brisanten antinapoleonischen

---

[1] Irrtümlich immer wieder Gustav von Schlabrendorf zugeschrieben, in Wahrheit aber von Johann Friedrich Reichardt.

Traktats in der »Jenaischen Allgemeinen Literatur-Zeitung« hat der umsichtige, die Weltlage präzise einschätzende Kulturpolitiker Goethe schon nicht mehr zugelassen.

Beide Schriften – Gentz hat Schlabrendorf benutzt – boten nicht Charakterbilder, sondern Analysen des politischen Systems. Während Schlabrendorf die totalitären Züge im Inneren herausstrich – reglementierte Erziehung, Militarisierung des Alltags, gelenkte Presse und Personenkult, Spitzelwesen und Sicherheitswahn –, stellte Gentz das Kaiserreich als Gefahrenherd für das europäische Mächtesystem dar. Denn revolutionärer Radikalismus und militärischer Erfolgsdruck machten Napoleons Regime strukturell friedensunfähig. Der Regent Frankreichs sei durch Waffenruhm an die Macht gekommen; also muss er weitersiegen: »So lange er entschlossen ist zu herrschen, bleibt die Aufrechterhaltung seines militärischen Ruhmes seiner Sorgen erste und letzte. So enge, so vielfältig ist keine andere Regierung in Europa mit dem Militärinteresse verbunden.« Solche Diagnosen waren noch nicht aus nationalistischen Emotionen gespeist, sondern stellten für die Gegenwart die alteuropäische Alternative von Gleichgewicht oder Hegemonie. Neu war der Befund, dass die inneren Verhältnisse der Staaten außenpolitische Relevanz besaßen. Das gab der Analyse von Gentz den apokalyptischen Ton: Wenn man Napoleon nicht bekämpfte, drohte ein Zeitalter europäischer Unfreiheit.

Trotz solcher Lektüren und trotz seiner eigenen Erfahrungen hat Goethe sich anders entschieden. Schon in den ersten Wochen des Jahres 1807 vollzog er das literarische Manöver, mit dem er der Öffentlichkeit seinen Friedensschluss mit der neuen rheinbündischen Ordnung kundtat. Er schlug sich auf die Seite des Historikers Johannes von Müller, indem er dessen Berliner Akademierede über »Friedrichs Ruhm« rezensierte und übersetzte. Der Schweizer Johannes von Müller, der berühmteste Historiker der Epoche, damals preußischer Hofhistoriograph und vor der Schlacht von Jena martialischer Anhänger der Berliner Kriegspartei, war Ende 1806 auf die Seite Napoleons getreten. Dieser hatte ihn in Berlin einer langen Audienz gewürdigt und in einen welthistorischen Diskurs verwickelt; Müller hatte sich daraufhin entschlossen, die neuen Verhältnisse als endgültig anzuerkennen. Die jährliche Ansprache zum Gedenken an Friedrich den Großen – eine heikle Aufgabe im besetzten Berlin – hielt Müller auf Französisch. Darin stellte er historische Größe als Gemeinbesitz der Völker dar, der ihnen dauernde Achtung sichere; und er appellierte an den lebenden großen Mann Napoleon, das Volk des toten großen Mannes Friedrich zu schonen.

Mit seiner Rede machte Müller sich bei den Patrioten unmöglich – nicht zuletzt bei Gentz, der ihm die Freundschaft aufkündigte –, und eine üble Hetze gegen seine Person begann. In dieser Lage sprach Goethe sein Machtwort: »Er hat in einer bedenklichen Lage trefflich gesprochen, so daß sein Wort dem Beglückten Ehrfurcht und Schonung, dem Bedrängten Trost und Hoffnung einflößen muß.« Darüber hinaus ermunterte Goethe Müller ausdrücklich, sich in der »Jenaischen Allgemeinen Literatur-Zeitung« politisch zu äußern. Dieser publizierte dort bald lange Besprechungen zur neuen rheinbündischen Gesetzgebung, in denen er empfahl, die Reformspielräume der neuen Ordnung zu nutzen. Schon ein halbes Jahr später war Müller leitender Minister im neuen napoleonischen Musterstaat Westphalen. Das Jenaische Literaturblatt blieb fortan so rheinbündisch wie sein Weimarer Oberaufseher. Schon vor der Erfurter Begegnung also hatte Goethe sich unmissverständlich – und ohne Absprache mit seinem Herzog – auf die Seite der neuen Ordnung geschlagen.

Dabei blieb es fortan. Goethes Sohn August studierte das neue französische Recht in Heidelberg; Goethes engster politischer Freund wurde Graf Reinhard, der Mitarbeiter Talleyrands und Napoleons Gesandter beim westphälischen Königshof in Kassel. 1807 begann Goethe sich, wie seine Lektüren zeigen, mit der Möglichkeit einer dauerhaften europäischen Universalmonarchie anzufreunden. Jedenfalls hielt er die Niederlage Preußens für ebenso endgültig wie den Untergang des Alten Reichs. So wurde die Suche nach einer neuen Rahmenordnung für den machtlosen Weimarer Kulturstaat unvermeidlich. Goethes rheinbündische Option hatte zunächst nichts mit persönlicher Faszination durch den Kaiser der Franzosen zu tun; darin unterschied er sich auch von Johannes von Müller, der durch ein Erweckungserlebnis gewonnen worden war.

Den deutschen Trotz und Franzosenhass hielt Goethe für Hypochondrie: »Wenn aber die Menschen über ein Ganzes jammern«, schrieb er am 27. Juli 1807 an Zelter, »das denn doch in Deutschland kein Mensch sein Lebtag gesehen, noch viel weniger sich darum bekümmert hat; so muß ich meine Ungeduld verbergen, um nicht unhöflich zu werden oder als Egoist zu erscheinen.« Im kleinen Kreis gefiel er sich in Zynismen. So sagte er zu Riemer (am 16. Mai 1807): »Die Franzosen hätten keine Imagination, sonst hätten sie statt der zwanzig Häuser in Jena und Weimar, wenn sie nicht zufällig abgebrannt, sondern von ihnen angezündet sind, die Stadt an allen Ecken angezündet und mit Stumpf und Stil abgebrannt. Das hätte dann anders in die Welt geklungen.« Aber natürlich beschäftigte ihn schon damals auch die Person des Kaisers. Wie früh eine Grundlinie seines Urteils gezogen war, verrät eine Aufzeichnung wiederum Riemers aus dem Februar 1807: »Außerordentliche Menschen, wie Napoleon, treten aus der Moralität heraus. Sie wirken zuletzt wie physische Ursachen, wie Feuer und Wasser.«

Hinter solchen teils tagespolitischen, teils allgemein typologisierenden Auslassungen stand auch eine kulturelle, ja geschichtstheoretische Reflexion

zur Vaterlandsliebe. Schon vier Wochen nach Jena und Auerstedt, am 18. November 1806, erklärte Goethe gegenüber Riemer den Freiheitssinn und die Vaterlandsliebe, die man aus den Alten zu schöpfen meine, zur Fratze. Der antikisierende patriotische Republikanismus – die damalige Gestalt der Napoleonfeindschaft – werde in der Gegenwart zu einer ungeschickten Nachahmung, die im Widerspruch zum allgemeinen Gang der neuen Kultur stehe. »Wir leben auf der einen Seite viel freier, ungebundener und nicht so einseitig beschränkt als die Alten, auf der anderen ohne solche Ansprüche des Staates an uns. Der ganze Gang unserer Kultur, der christlichen Religion selbst führt uns zur Mitteilung, Gemeinmachung, Unterwürfigkeit und zu allen gesellschaftlichen Tugenden, wo man nachgibt, gefällig ist, selbst mit Aufopferung der Gefühle und Empfindungen, ja Rechte, die man im rohen Naturzustande haben kann.«
Den am Horizont auftauchenden Nationalismus hat Goethe als akademisches, pseudoantikes Neuheidentum begriffen, gespeist von zu viel Klassikerlektüre: »Sich den Obern zu widersetzen, einem Sieger störrig und widerspenstig zu begegnen, darum weil uns Griechisch und Latein im Leibe steckt, ist kindisch und abgeschmackt. Das ist Professorenstolz, der seinen Inhaber ebenso lächerlich macht, als er ihm schadet.« Der geistesgeschichtliche Moment, unmittelbar bevor Fichtes »Reden an die deutsche Nation« den aus Frankreich über-

nommenen Patriotismus ins Deutsch-Völkische umsteuern, ist in dieser Äußerung ebenso abzulesen wie der kulturtypologische Hintergrund von Goethes Option für Napoleon: Sie galt nicht dem neurömischen Diktator, der mit den Attributen und Attrappen der Republik hantierte, sondern eher dem Augustus, der als Erbe Karls des Großen auftrat.

Zum Erfurter Fürstenkongress im Oktober 1808, dieser großen Schaustellung des napoleonischen Empire, die Napoleon inszenierte, um den russischen Zaren zu gewinnen, hatte Goethe von sich aus gar nicht gehen wollen. Sein Herzog rief ihn, und Christiane drängte ihn, dem Ruf zu folgen. Goethe wurde zum außerplanmäßigen Protokollchef für den kurzfristig anberaumten Weimarer Tag des Fürstenkongresses ernannt. So hatte er für den reibungslosen Ablauf einer Aufführung von Voltaires Drama »Der Tod des Caesar« mit Talma als Brutus im Weimarer Hoftheater zu sorgen. Nicht zuletzt zur Vorbereitung darauf besuchte Goethe in Erfurt mehrfach das dort gastierende Théâtre français, das Abend für Abend die schwerblütig-pathetischen Tragödien des Grand Siècle spielte.

Diese Erfurter Abende stellten ein Ritual dar, das es Goethe erlaubte, den Kaiser der Franzosen über mehrere Stunden ganz aus der Nähe zu beobachten. Kein Historiker oder Germanist, auch Hans Blumenberg nicht, der so viel aus der ersten Blickbegegnung zwischen Goethe und Napoleon macht, hat das beachtet. Denn Goethes Tagebuch verzeichnet zwar die Stücke, die er gesehen hat – »Brittanicus«, »Mithridates« und »Zaire« –, aber nichts von den abendlichen Abläufen im Theater. Doch besitzen wir einen zeitgenössischen Bericht von Caroline Sartorius, der Frau des mit Goethe befreundeten Göttinger Historikers Georg Sartorius, die wie Goethe im Erfurter Kaisersaal saß. Alle anderen Zuschauer, einschließlich der Fürsten, haben ihre Plätze bereits eingenommen, als Trommelschlag die Ankunft der beiden Kaiser, Napoleons und des russischen Zaren, verkündet: »Alexander geht voran, Napoleon dicht hinter her und hatte als der Letztkommende den Rang. Dafür ließ er Alexander zur rechten sitzen. Es liegt wirklich etwas unheimliches darin mit Napoleon in demselben Raum eingesperrt zu sein. Aller Augen waren auf ihn gerichtet, und Alexander ward schier vergessen. Beyde Kaiser waren äußerst einfach gekleidet: es schien als sollte der Glanz der sie umgab ihnen blos zur Folie dienen.« Zum Aussehen Napoleons sagte Caroline Sartorius: »Er hat einen besonders zierlichen Fuß und eine schöne Hand. Sonst scheint er mir nicht schön gebaut. Der Rumpf ist im Vergleich zum Unterthail, viel zu massiv, der Kopf steckt in den Schultern es ist kein rechtes Verhältnis im Ganzen. Einen Bauch hat er jedoch nicht. Die Haare sind schwarz, der Teint ganz italiänisch, die Form des Kopfes nicht ohne Grazie die Züge sind gerade nicht antic, lassen sich aber doch der Ähnlichkeit unbeschadet bis zur Antique erheben. Die Augen liegen sehr tief und Blick und Farbe sieht man garnicht ... Sein Äußeres imponiert eben nicht, aber es ist Grazie und ein sehr ruhiger Anstand darin.«

Goethe hat ganz gewiss keinen schlechteren Beobachtungsposten als Frau Sartorius gehabt; ob auch er es unheimlich fand, mit Napoleon im selben Raum eingesperrt zu sein, wissen wir nicht. Doch fällt auf, dass er den Kaiser nie beschrieben hat; obwohl doch eigentlich jeder, der ihn sah, seine äußere Erscheinung erwähnte. Jedenfalls konnte er von ihr nicht mehr überrascht sein, als er vor Napoleon trat – anders als dieser, der mit einem anerkennenden »Vous êtes un homme« das Gespräch eröffnete. Die berühmte Unterredung am Vormittag des 2. Oktober 1808, die eine knappe Stunde dauerte, fand in einem nur 57 Quadratmeter – 8,9 auf 6,45 – großen Salon mit einer niedrigen, 3,20 Meter hohen Decke statt. Goethe und der Kaiser waren fast gleich groß – 169 beziehungsweise 168 Zentimeter; zunächst saß der Kaiser noch an seiner Frühstückstafel, danach erhob er sich und zog sich mit Goethe in einen kleinen Erker zurück.

Nur der erste Teil des Gesprächs wurde unter den Augen von mehreren Marschällen sowie des Reichskammerherrn Talleyrand geführt. Näher konnte man dem Kaiser kaum kommen als Goethe in dieser Stunde. Er erlebte ihn nicht nur im Zwiegespräch, sondern momentweise auch beim Regieren, denn die Staatsgeschäfte liefen weiter, während der deutsche Dichter seine Aufwartung machte. Marschall Daru kam mit deutschen Kontributionsangelegenheiten, dem leidvollen Hauptthema der französischen Okkupation; Berthier sprach von polnischen Aufständen. »Ich will gerne gestehen«, schrieb Goethe fünf Wochen danach an seinen Verleger Cotta, »daß mir in meinem Leben nichts Höheres oder Erfreulicheres begegnen konnte, als vor dem französischen Kaiser, und zwar auf eine solche Weise zu stehen. Ohne mich auf das Detail der Unterredung einzulassen, so kann ich sagen, daß mich noch niemals ein Höherer dergestalt aufgenommen, indem er mit besonderem Zutrauen, mich, wenn ich mich des Ausdrucks bedienen darf, gleichsam gelten ließ, und nicht undeutlich ausdrückte, daß ihm mein Wesen gemäß sei.« Und zu Riemer sagte er, Napoleon habe ihm »gleichsam das Tippelchen auf das I gesetzt«.

Solche Äußerungen und Goethes langes Zögern, überhaupt etwas darüber niederzulegen, haben Erwartungen erweckt, die Hans Blumenberg, diesen Spezialisten für Gipfeltreffen, behaupten ließen, der Inhalt der Unterredung sei »belanglos«, und solche Belanglosigkeit sei der wahre Grund für Goethes Geheimniskrämerei gewesen. Doch kann man so nur denken, wenn man ein Göttergespräch erwartet, das sich dann allerdings auf den Austausch erkennender und standhaltender Blicke beschränken kann. Und wirklich mag man finden, dass Napoleons Unterhaltungen mit Johannes von Müller und Wieland, die sich um Fragen der Weltgeschichte drehten, reichhaltiger waren. Belanglos aber ist das, was Goethe von seiner Unterredung berichtet – er ist der einzige verlässliche Zeuge, die anderen, einschließlich Talleyrand, hängen von ihm ab –, trotzdem nicht.

Der erste »öffentliche« Teil handelte von der Literatur. Goethe sagt, der Kaiser habe sie wie ein Kriminalrichter betrachtet, also mit dem strengen Blick auf die Glaubwürdigkeit; daher seine Kritik an Voltaires »Mahomet«, in dem der Tyrann sich selbst anschwärzt, und daher auch sein Tadel für erzähltechnische Inkonsequenzen im »Werther«. Napoleon machte damit die Wirklichkeit, zunächst in Form äußerlicher Wahrscheinlichkeit, zum Kriterium der Literatur. Am Ende verallgemeinerte er das mit der Sentenz gegen die Schicksalsdramatik: »Die Politik ist das Schicksal!« Also setzte der Kaiser sich gegenüber dem Dichter selbst als das Prinzip oder die Personifikation der Wirklichkeit in Szene. Das ist gegenüber einem Autor, der zeit seines Lebens so sehr auf eine überpolitische Kunst setzte, ein bedeutender Moment.

Im zweiten, intimeren Teil des Gesprächs versuchte Napoleon, mit Goethe selbst Politik zu machen. Kurz zuvor hatte er in einem Memorandum überlegt, ob man nicht einflussreiche Schriftsteller durch Sinekuren – er dachte an Beraterstellen beim Staatstheater – unterhalten und gewinnen könne. Napoleon lud Goethe mit seiner Familie nach Paris ein; und er forderte ihn – möglicherweise allerdings erst in Weimar am 6. Oktober – auf, einen neuen

»Caesar« beziehungsweise ein Brutus-Drama zu schreiben; eines, das die tragischen Folgen von Caesars Ermordung für das Römische Reich darstelle. In seiner späten Niederschrift hat Goethe diesen pragmatischen Teil der Unterredung ins Undeutliche verwischt, vermutlich weil er seine Loyalität gegenüber dem Herzog Carl August nicht in Frage stellen lassen wollte.

Überglücklich war Goethe ebenso wie Wieland auch über den Orden der Ehrenlegion, den der Kaiser den beiden deutschen Autoren am Ende des Fürstenkongresses verlieh; der Zar fand, er müsse ein Gleiches tun, und so trafen große Schatullen und knisternde Urkunden aus West und Ost in Weimar ein. Es war überhaupt das erste Mal, dass deutsche Schriftsteller einen Orden bekamen. Kein deutscher Fürst war je zuvor auf diesen Gedanken gekommen. Das Kreuz der Ehrenlegion hat Goethe bekanntlich bis über die Befreiungskriege hinweg getragen und sich dafür 1813 sogar den dreisten Anpfiff eines österreichischen Offiziers eingehandelt; wenn ein Patriot ihn späterhin darauf ansprach, sagte er: »Das Pentagramma macht dir Pein?« und ließ das Kreuz in der Rocktasche verschwinden.

Seit Erfurt war Napoleon für Goethe »Mein Kaiser«. Das hat nicht nur mythologische Bedeutung. Der Dichter fühlte sich unter dem durch die Ehrenlegion sichtbar gemachten persönlichen Schutz des Weltregierers; so war die existentielle Verunsicherung von 1806 geheilt. Nach der bonapartistischbürgerlichen Reform kam ein neuer Zug von imperialem Feudalgeist in Goethes politische Existenz. Der Kontrast zu seinem Herzog war schneidend. Carl August bangte nach Erfurt mehr als davor um sein politisches Überleben, denn das Bündnis Napoleons mit dem Zaren, das Weimar vorerst schützte, erwies sich bald als brüchig. Unterdes verschob der Protektor des Rheinbundes weiterhin nach Lust und Laune deutsche Grenzen, beispielsweise die von Westphalen. Goethe aber ließ sich zwei Tage nach dem Ende des Erfurter Kongresses ein Französisch-Lehrbuch aus der Weimarer Bibliothek kommen. Und kurz danach tat er die große, oft zitierte Äußerung: »Deutschland ist *Nichts*, aber jeder einzelne Deutsche ist viel. Verpflanzt, zerstreut wie die Juden in alle Welt müssten die Deutschen werden, um die Masse des Guten ganz und zum Heil aller Nationen zu entwickeln, die in ihnen liegt.« Wenn man das auf Goethes damalige Lage bezieht, die in Weimar durch einen heftigen Streit mit dem Herzog über Theaterfragen verdüstert war, dann muss man vermuten, dass Goethe an den Paris-Vorschlag des Kaisers mehr als einen Gedanken verschwendete.

Dazu kam Goethes tiefe Unzufriedenheit mit der Reaktion des deutschen Publikums auf seine neuen Werke, vor allem den Roman »Die Wahlverwandtschaften«. Mit einer bemerkenswerten politischen Analogie schrieb er dazu am 31. Dezember 1809 an seinen deutsch-französischen Freund Graf

Reinhard: »Das Publikum, besonders das deutsche, ist eine närrische Karikatur des *demos*; es bildet sich wirklich ein, eine Art von Instanz, von Senat auszumachen, und im Leben und Lesen dieses oder jenes wegvotieren zu können, was ihm nicht gefällt.« Gegen solche republikanische Anmaßung setzt Goethe die Gemeinsamkeit historischen und künstlerischen Tätertums. Am Ende würden auch die »Wahlverwandtschaften« als unveränderliches Faktum vor der Einbildungskraft stehen, »wie man sich in der Geschichte nach einigen Jahren die Hinrichtung eines alten Königs und die Krönung eines neuen Kaisers gefallen läßt. Das Gedichtete behauptet sein Recht, wie das Geschehene.« Brüderlichkeit unter den Großen der Geschichte, das ist es, was sich hier ausspricht.

Trotz fortdauernder Kriege und neuer Volksaufstände vertraute Goethe auf die Stabilität des Empire, anders als Gentz, Metternich oder Freiherr vom Stein, auch anders als Talleyrand. Vor allem der Hochzeit Napoleons mit Marie-Luise, der Tochter des österreichischen Kaisers, schrieb er, darin bestärkt von Reinhard, eine enorme Bedeutung zu. Hier schien der Bruch zwischen dem alten Europa und dem revolutionären Frankreich endlich geheilt. In dieser Stimmung von Erleichterung und neuer Sicherheit machte sich Goethe daran, die Geschichte seines Lebens zu schreiben. Wenn es ein Werk von ihm gibt, in dem die klare Luft des Empire weht, dann ist es »Dichtung und Wahrheit«;

nicht umsonst rühmte Jakob Grimm das »Epische, Gründliche, Historische, das Weitaufgenommene, von Farbe Himmelblaue« daran. »Dichtung und Wahrheit« ist nicht nur ein Bildungsroman; er zeigt den Einzelnen in seinen Zeitverhältnissen, und zwar, wie Goethe im Vorwort ausdrücklich hervorhebt, auch in den »ungeheuren Bewegungen des allgemeinen politischen Weltlaufs«. »Dichtung und Wahrheit« ist ein großes Stück Zeitgeschichte, und als solches natürlich ein Werk der napoleonischen Epoche. »Goethe und sein Jahrhundert«, so hat ein zeitgenössischer Rezensent den Charakter des Buches resümiert.

Eine Woche nachdem Goethe mit der Niederschrift seiner Autobiographie begonnen hatte, schrieb er in einem Brief an den Historiker Georg Sartorius: »Es ist irgendwo gesagt: daß die Weltgeschichte von Zeit zu Zeit umgeschrieben werden müsse, und wann war wohl eine Epoche, die dieß so nothwendig machte als die gegenwärtige!« Bezeichnend ist der Anlass der Äußerung: Sartorius hatte Goethe eine Untersuchung über das Verhältnis von Siegern und Besiegten, nämlich von Ostgoten und Römern im Reich von Theoderich zugesandt, mit der er einen Preis des Pariser »Institut« gewonnen hatte. »Der Haß der Römer gegen den selbst milden Sieger, die Einbildung auf ausgestorbene Vorzüge, der Wunsch eines anderen Zustands ohne einen besseren im Auge zu haben, Hoffnungen ohne Grund, Unternehmungen aufs gerathewohl«, so resümierte

Goethe den Inhalt der Schrift von Sartorius, die damit zu einer Allegorie der deutschen Zustände in Napoleons Reich wurde. Man darf bei so entschlossenem Willen, Vergangenes unter zeitgenössischen Gesichtspunkten zu verstehen, auch nach den aktuellen Bezügen in »Dichtung und Wahrheit« fragen.

Diese liegen vor allem in den ersten fünf Büchern auf der Hand, und jeder Leser ist aufgefordert, hier seine eigenen Entdeckungen zu machen. Das Verhältnis von Siegern und Besiegten verhandelt die Geschichte des Königsleutnants in Goethes Elternhaus während der französischen Besatzung Frankfurts im Siebenjährigen Krieg. Die Erzählung bietet eine Verhaltenskasuistik für ein Problem, das in der napoleonischen Zeit millionenfaches Schicksal in Deutschland war: Einquartierung fremder Soldaten. Soll man sich in Trotz verstocken wie der Vater oder das Beste daraus machen wie Goethes Mutter und ihre Kinder? Die Antwort ist eindeutig. Goethe erzählt von einem absichtslosen Beginn deutschfranzösischen Kulturaustauschs, und es ist eine der vielen schönen Pointen, dass er als Elfjähriger die Rolle des Nero in Racines »Brittanicus« selbst gespielt hat, in der er Talma auf dem Erfurter Kongress beobachten konnte.

An der Figur Friedrichs des Großen, die die kindliche Lebenswelt des Erzählers in Parteien zerfallen lässt, verhandelt Goethe wie Johannes von Müller 1807 das brennende Problem der historischen

Größe: Friedrich ist ein großer Schöpfer, durch sein Beispiel auch ein Anreger der deutschen Literatur, der er erst ihren Stoff gibt; zugleich ist er, wie in Leipzig und Dresden zu erfahren war, ein furchtbarer Zerstörer, dessen die Menschen mit Hass gedenken. Und er spaltet das Reich, dem nicht erst Napoleon den Untergang bereitete. Der Bericht von der Frankfurter Krönung 1764 – erzählerisch für mich das Großartigste, was es von Goethe überhaupt gibt – verklärt das Reich nicht nostalgisch, sondern lässt es in einem faustischen Mummenschanz auferstehen; die kaum verständlichen Zeremonien, bei denen den geladenen, aber nicht erschienenen Fürsten gleichwohl die Gedecke auf- und abgetragen werden, unter seiner viel zu breiten Krone der jugendliche Monarch, dessen Vater schon als »Gespenst Carls des Großen« bezeichnet worden war, eine Maria Theresia, die angesichts der Abläufe in enthemmtes Gelächter ausgebrochen war, und all das erzählt aus der Sicht eines frisch verliebten Jungen, der seine ersten Ausflüge ins Nachtleben macht: Deutlicher konnte man den deutschen Lesern nicht in Erinnerung rufen, dass sie ihr Reich längst verloren hatten, als Napoleon es liquidierte.

Dieser nun war alles andere als ein »Gespenst«, nämlich ein echter Kaiser, ja möglicherweise ein Augustus. Als solchen rühmen ihn die prachtvollen Stanzen, die Goethe im Frühsommer 1812 in Karlsbad an die französische Kaiserin Marie-Luise richtete. »Was Tausende verwirrten, löst der Eine.«

»Nun steht das Reich gesichert wie geründet, Nun fühlt er froh im Sohne sich gegründet.« So feiert Goethe den neuen, durch den »König von Rom« auf Dauer gestellten dynastischen Weltzustand, und er scheut sich nicht, wie Achim von Arnim höhnte, zum »Sänger des Kontinentalsystems« zu werden:

Worüber trüb Jahrhunderte gesonnen,
Er übersiehts in hellstem Geisteslicht,
Das Kleinliche ist alles weggeronnen,
Nur Meer und Erde haben hier Gewicht;
Ist jenem erst das Ufer abgewonnen,
Daß sich daran die stolze Woge bricht,
So tritt durch weisen Schluss und Machtgefechte
Das feste Land in seine Rechte.

Dieses Gedicht, auch stilistisch ganz Empire, ist die einzige öffentliche politische Äußerung über seinen Kaiser, die Goethe in der napoleonischen Zeit machte. Sie verbleibt in der Alternative von Universalmonarchie oder Gleichgewicht der Mächte, und sie schlägt sich unmissverständlich auf die Seite des hegemonialen Landreichs, das sich gegen das Seereich England, die traditionelle Stütze der »Balance of powers«, befestigt. Aus dem Nacheinander von historischer und literarischer Größe, von Friedrich und Goethe, das »Dichtung und Wahrheit« entfaltete, ist nun der augusteische Zustand des Nebeneinanders von Goethe und »seinem Kaiser« geworden, oder, in den kühnen Worten Friedrich Dieckmanns:

die Option eines »Westreichs mit französischer Militär- und deutscher Kulturhegemonie«.

»Der alles wollen kann, will auch den Frieden.« Als Goethe diese appellative Zeile ans Ende seiner Stanzen an die französische Kaiserin setzte, war Napoleon bereits tief nach Russland vorgestoßen. Goethes Entsetzen über den Brand von Moskau war so groß, dass er es in einem Brief an Reinhard vom 14. November 1812 trotzig leugnete: »Daß Moskau verbrannt ist, tut mir gar nichts«, nachdem er im Konzept zunächst geschrieben hatte: »Und nun weiß man freilich nicht, wo man alles das Erstaunen hernehmen soll, das uns die großen Begebenheiten abnötigen. Unsere Einbildungskraft weiß sie nicht zu fassen und unser Verstand nicht zurechtzulegen. Die Weltgeschichte sammelt auf unsere Kosten sehr große Schätze.« »So fühlen wir denn freilich«, fährt der abgeschickte Brief fort, »in welcher Zeit wir leben und wie hoch ernst wir sein müssen, um nach alter Weise heiter sein zu können.«

Heiter konnte Goethe nur sein, wenn die Welt sich als kontinuierlich erwies und das Beispiellose keinen Platz in ihr hatte. So suchte er, wie Tasso, nach »Beispielen der Geschichte«. Er fand eines in Tamerlan, jenem Timur Lenk, der im späten 14. Jahrhundert ganz Mittelasien erobert hatte und vergebens bis nach China vorgedrungen war. Auch das im Dezember 1814 entstandene »Divan«-Gedicht »Timur und der Winter«, in dem der Winter wie ein von Blake gezeichneter Zornesgreis den bösen Eroberer in seine Schranken weist, verbleibt noch im napoleonischen Denken. Denn der Tenor des Gedichts, die Unbesiegbarkeit des Winters, reproduziert die apologetische These des berühmten 29. Bulletins der Großen Armee: Nicht der Feind, nicht eigene strategische Fehler haben Napoleon in Russland scheitern lassen, sondern der Winter, der mit seiner Kälte die Pferde einfach tot umfallen ließ. Dass der Kaiser auf der Rückreise von Moskau nach Paris beim Kutschenwechsel in Erfurt Goethe eigens Grüße bestellte, hat dieser im Tagebuch verzeichnet.

1813 mit seinen monatelangen Kriegen im mitteldeutschen Raum hat Goethe als Unglücksjahr erlebt. Zu Recht: Das historische Bewusstsein hat heute vergessen, wie grausam die letzte napoleonische Kriegszeit mit ihren vorzeitig eingezogenen, schlecht ausgebildeten Soldaten war, die ebenso oft an Hunger und Entkräftung wie auf den Schlachtfeldern starben; mit Nahrungsmittelknappheit und Seuchen, die ganze Landstriche verheerten. Wenn heute ein Massengrab aus dieser Zeit entdeckt wird wie jüngst in Kassel, dann wundert die Öffentlichkeit sich, dass es nicht aus dem Zweiten Weltkrieg stammt, dabei starben 1813/14 allein in einer Stadt wie Mainz vierzehntausend Menschen an kriegsbedingtem Typhus. Goethe hoffte vergebens darauf, sein Kaiser werde auf die großzügigen Friedensangebote eingehen, die ihm die Koalitionsmächte von Mal zu Mal unterbreiteten. Doch Napoleon konnte, wie er in seinem Dresdner Gespräch mit Metternich im August 1813 kühl feststellte, anders als die Monarchen aus alten Dynastien mit halben Siegen oder gar mit Niederlagen nicht leben. Goethe glaubte erst nach der Leipziger Schlacht an die Besiegbarkeit Napoleons; und allmählich fügte er sich in den Gedanken, dessen Untergang sei selbstverschuldet.

An der Befreiung fand er keine Freude; er erkannte in ihr, hier Metternich ganz nah, die Gefahr einer geostrategischen Gewichtverschiebung im System der Mächte nach Russland, die ihn als Menschen der Kultur tief beunruhigte. Die Kosaken in Weimar hat er die Befreiung genannt, von der man uns befreien müsse. Im Berliner Festspiel »Des Epimenides Erwachen« erscheint Napoleon zwar als »Dämon des Krieges«, der aktuelle Zitate des Kaisers im Munde führt, aber er kann wieder nur durch Kriege besiegt werden; und auch die Unterminierung der alten Gesellschaft fand ihre Fortsetzung in den konspirativen vaterländischen Geheimgesellschaften, von denen das Stück raunt. Die Siegeslieder, die Goethe für den Bühnenprospekt mit dem Brandenburger Tor und den Auftritt echter Pferde dichtete, lesen sich wie Parodien. Seine wahre Stimmung verrät ein Brief an den Schweizer Kunstfreund Meyer vom 7. März 1814, der die aktuelle politische Rechthaberei gegenüber Napoleon verhöhnt: »Von Seiten der Kunst bedroht uns hier ein Schrecknis. Kügelgen, auf seiner Rückkehr von Ballenstedt, hat sein Atelier in Hummelshain aufgeschlagen, und malt abermals das gute und das böse Prinzip; nicht aber wie früher, jedes einzeln für sich, sondern beide im Streit begriffen. Wem das böse ähnlich sehen wird, ist leicht zu erraten; das gute hingegen gleicht, ich wette, auf ein Haar, den Gebrüder Kügelgen.«

Sein eigentliches politisches Schlusswort hat Goethe erst 1816 verfasst, für seine neue Werkausgabe, als Zwischentext nach dem Gedicht an die französische Kaiserin und vor dem »Epimenides«. Anknüpfend an die Zeile »Der alles wollen kann, will auch den Frieden« heißt es:

Den Frieden kann das Wollen nicht bereiten:
Wer alles will will sich vor allen mächtig,
Indem er siegt, lehrt er die andern streiten;
Bedenkend macht er seinen Feind bedächtig;
So wachsen Kraft und List nach allen Seiten,
Der Weltkreis ruht von Ungeheuern trächtig.
Und der Geburten zahlenlose Plage
Droht jeden Tag als mit dem jüngsten Tage.

Damit war die Dynamik benannt, die Friedrich Gentz bereits 1806, zehn Jahre, fünf Kriege und eine Million Tote früher, diagnostiziert hatte: die bei Napoleon zwar auch charakterliche, vor allem aber strukturelle Friedlosigkeit seines auf militärischen Ruhm und unausweichlichen Erfolgsdruck gegründeten Regimes mit seiner revolutionären Ausstrahlung auf alle anderen Mächte.

Goethe hat Napoleons Rückkehr aus Elba, die Episode von Waterloo, verurteilt und für ein Unglück gehalten. Napoleon hatte aufgehört, ein Vertreter der Ordnung zu sein, er wurde zum Verursacher neuer Unruhe und neuer Kriege. Doch schon kurz nach Waterloo, im Oktober 1815, sprach er in einer Unterhaltung mit Sulpiz Boisserée von den starken Naturen, die sein Leben bestimmt hätten, wie der Herzog Carl August. Und in diesem Zusammenhang sagte er knapp: »Alle entschiedenen Naturen seien ihm Glück bringend, so auch Napoleon.« Persönliche Faszination und politische Parteinahme hatten sich da getrennt. Das politisch verhängnisvolle Wollen erwies sich im Persönlichen als glückbringend, als dämonische Entschiedenheit. Nun erst konnte die Arbeit am Mythos beginnen, und das Haus am Frauenplan, das Napoleons Soldaten am 14. Oktober 1806 beinahe niedergebrannt hätten, begann sich mit Napoleonmedaillen, mit Stichen von seinen Feldzügen, mit Büchern über ihn zu füllen. Bis heute findet sich auf Goethes Stehpult ein Flakon mit einem Stöpsel in Form einer Napoleonbüste. Eckermann hat ihn 1830 aus Straßburg mitgebracht, denn der gläserne Kaiserkopf schien einige optische Urphänomene von Goethes Farbenlehre zu bestätigen.

Goethes Autorität
Vom Leben mit der Überlegenheit

Im historischen Teil seiner »Farbenlehre« hat Goethe einen denkbar nüchternen Essay zu den Fragen von Überlieferung und Autorität eingeschaltet, der das übergreifende Thema dieses Teils im Kleinen spiegelt: die Unzuverlässigkeit des Fortschritts von Können und Erkennen in den Wissenschaften und Künsten seit der Antike. Die forschende Menschheit, die Goethe hier zeigt, besteht aus einer Kette hervorragender, aber keineswegs bedacht aneinander anschließender Individuen. Routine, Irrtum und Vergessen bringen schon einmal Erkanntes immer wieder in Gefahr, der Fortschritt erweist sich bestenfalls als Spirale, als knapp vermiedener Kreislauf, in dem es nur mählich, wie im Kriechgang, aufwärts geht, und nicht nur Gutes immer weiter mitgeschleppt wird. »Gegen die Autorität«, schreibt Goethe, »verhält sich der Mensch, so wie gegen vieles andere, beständig schwankend. Er fühlt in seiner Dürftigkeit, daß er, ohne sich auf etwas Drittes zu stützen, mit seinen Kräften nicht auslangt. Dann aber, wenn das Gefühl seiner Macht und Herrlichkeit in ihm aufgeht, stößt er das Hülfreiche von sich und glaubt, für sich selbst und andre hinzureichen.« Solches Schwanken gehorcht in seiner

Beständigkeit immerhin einem ewigen Gesetz, dem Verlauf des menschlichen Lebens: »Das Kind bequemt sich meist mit Ergebung unter die Autorität der Eltern; der Knabe sträubt sich dagegen; der Jüngling entflieht ihr, und der Mann läßt sie wieder gelten, weil er sich deren mehr oder weniger selbst verschafft, weil die Erfahrung ihn gelehrt hat, daß er ohne Mitwirkung anderer nur wenig ausrichte.« Dieses Bild wiederholt sich bei der ganzen Menschheit, nur dass es da noch verwirrender, vielgliedriger ausfällt, weil es nicht mehr vom organischen Muster eines individuellen Lebensganges zusammengehalten wird. So »schwankt die Menschheit im ganzen. Bald sehen wir um einen vorzüglichen Mann sich Freunde, Schüler, Anhänger, Begleiter, Mitlebende, Mitwohnende, Mitstreitende versammeln. Bald fällt eine solche Gesellschaft, ein solches Reich wieder in vielerlei Einzelheiten auseinander.« Gegen Epochen der Buchstabenfrömmigkeit und Kommentarseligkeit tritt »wie jene bilderstürmende, so hier eine schriftstürmende Wut ein (...). Kein ehmals ausgesprochenes Wort soll gelten, alles, was weise war, soll als närrisch erkannt werden, was heilsam war, als schädlich, was sich lange Zeit als förderlich zeigte, nunmehr als altes Hindernis.«[1]

Diese Betrachtung ist so nüchtern, weil sie zunächst formal daherkommt – Goethe lässt offen,

---

1 MA (= Münchner Ausgabe) 10, S. 575 f.

was wirklich weise war und was zu Recht für närrisch gelten muss. Der Gang der Wissenschaftsgeschichte zeigt wenig Vernunft und viel Dunkel, das vor allem von einzelnen Forschern erhellt wird, die oft ohne Nachfolger bleiben, sondern im Gegenteil von blendenden Propheten des Irrtums überstrahlt werden.[2] Der Passus zur Autorität ist so deutlich *pro domo* geschrieben, vom Standpunkt des Newton-Feindes, der sich damit immerhin zum Gegner der gesamten neueren, mathematisierten Naturwissenschaft aufgeschwungen hatte, dass ihm ein Zug von Bitterkeit und Fatalismus nicht abzusprechen ist. Als Goethe die »Farbenlehre« herausbrachte, im Jahre 1810, hatte er nicht nur als Naturwissenschaftler nur noch wenige Freunde, Schüler, Anhänger, Begleiter, wenn auch zahllose Mitlebende, Mitwohnende, von denen aber die wenigsten Lust hatten, sich zu Mitstreitern zu machen. Die in derselben Zeit auftauchende, bis zum Lebensende wiederholte Redeweise vom Sich-selber-Historischwerden versucht das Beste daraus zu machen – nimmt Goethe

---

[2] Gegen die Autorität des Irrtums setzt Goethe das »Anschauen«, so in einem Aphorismus, auf den Kurt Flasch hingewiesen hat, wo es heißt, »daß immerfort wiederholte Phrasen sich zuletzt zur Überzeugung verknöchern und die Organe des Anschauens völlig versumpfen. Indessen ist es heilsam, daß man dergleichen nicht allzu zeitig erfährt, weil sonst jugendlicher Frei- und Wahrheitssinn durch Mißmut gelähmt würde.« Kurt Flasch, Philosophie hat Geschichte, Band 2, Frankfurt am Main 2005, S. 36.

doch auch ihm widerstehende Produkte einer jüngeren Generation »historisch«, als Zeugnisse eines verwirrten Wandels der Welt, um über sie hinwegzukommen.[3] Die nächste große Arbeit, die Goethe nach der »Farbenlehre« in Angriff nimmt, ist »Dichtung und Wahrheit«, ein Werk, das man besser versteht, wenn man es nicht nur als Bildungsroman, sondern ebenso als zeithistorische Übersicht zu den Themen der Gegenwart und als Gelehrtenbiographie begreift.

Ich habe an anderer Stelle zu zeigen versucht, wie »Dichtung und Wahrheit« wichtige Themen seiner Entstehungsgegenwart, der napoleonisch-romantischen Zeit, im Spiegel früherer Erfahrungen behandelt: So das Erlebnis der fremden, nämlich französischen Besatzung im Spiegel des Siebenjährigen Krieges, die Erfahrung der historischen Größe im Spiegel Friedrichs des Großen, der Mittelalter-Romantik im Spiegel der Entdeckung des Straßburger Münsters, ebenso die Fragen von Kaisertum und Nation, von Nationalliteratur und Kosmopolitismus, nicht zuletzt vom Aufstand der Jungen gegen die Alten in der Literatur.[4] So kann »Dichtung und Wahrheit« auch als Beispielfall jenes be-

---

[3] So anläßlich von Arnims »Gräfin Dolores« im Brief an Reinhard vom 7. Oktober 1810: »Übrigens gebe ich mir alle Mühe, auch diese Epoche historisch, als schon vorübergegangen, zu betrachten.«

[4] Gustav Seibt, Goethe und Napoleon, 5. Auflage, München 2010, S. 171 ff.

ständig schwankenden, im besten Fall organisch wechselnden, oft genug aber auch nur unvernünftig wirren Wechselspiels zwischen Autorität und Auflehnung, Erfahrung und Neuerfindung gelesen werden. Im einem Tonfall heiterer Urbanität teilte Goethe den jungen Leuten, die sich anschickten, in romantischem Geist gegen den Heros Napoleon aufzustehen, mit, dass ihre Affekte und Motive dem damals bereits über sechzig Jahre alten Autor keineswegs fremd seien: Auch hier dürfte der unterstellte Zeitverlauf am genauesten nicht mit einem Kreis, sondern mit einer günstigenfalls leicht ansteigenden Spirale beschrieben sein. Und würde der Anstieg nicht umso fühlbarer ausfallen, je mehr man sich Rechenschaft von der Nicht-Einzigartigkeit der Gegenwart ablegen würde? Das ist, gemessen an Goethes angeblichem Olympiertum, ein ziemlich zurückhaltendes, nämlich skeptisch-freundliches Angebot von Autorität. Anders als seine Zeitgenossen Fichte oder Friedrich Schlegel formuliert Goethe keine doktrinäre Ansicht von der Geschichte als ganzer, sondern er beschränkt sich auf die Erfahrungen seines eigenen, allerdings unvergleichlich reichen Lebenslaufes.[5]

---

[5] Die beiden maßgeblichen geschichtsphilosophischen Zeitdeutungen der napoleonischen Epoche, Fichtes »Reden an die deutsche Nation« und Friedrich Schlegels »Vorlesungen zur neueren Geschichte« – letztere eine unmittelbare Reaktion auf Fichte – hatte Goethe vor Beginn der Arbeit an »Dichtung und Wahrheit« 1808 und 1811 aufmerksam studiert.

Thomas Mann hat den Goethe dieser Jahre in seinem Roman »Lotte in Weimar« als Gestalt von bedrückender Übermacht gezeichnet. Die Prosa von »Dichtung und Wahrheit« bestätigt das nicht, und auch nicht die Rezeptionsgeschichte eigentlich aller späteren Werke Goethes seit den »Wahlverwandtschaften«: Die Generation der Befreiungskrieger und später des Jungen Deutschland ließ sich weder von der Relativierung der Gegenwart durch Autobiographie noch von ihrer Relativierung durch welthistorischen Vergleich im »West-östlichen Divan« das Geringste sagen. Und so nahm das Spätwerk Goethes auch immer verzetteltere, fast esoterische Formen an, obwohl es zunehmend lehrhafte Züge zeigte. Die Hefte von »Ueber Kunst und Alterthum« wirken wie eine Serie von Sonderdrucken, die Aphorismen-Reihen der »Wanderjahre« werden ausdrücklich als Archiv-Auszüge gekennzeichnet, Neues erscheint oft im Rahmen der »Ausgabe letzter Hand«, und der zweite Teil des »Faust« bleibt für den Nachlass verschnürt, weil Goethe, wie er in seinem letzten Brief am 17. März 1832 an Wilhelm von Humboldt schrieb, der Meinung war, seine »Bemühungen um dieses seltsame Gebäu würden schlecht belohnt und an den Strand getrieben, wie ein Wrack von Trümmern daliegen und von dem Dünenschutt der Stunden zunächst überschüttet werden. Verwirrende Lehre zu verwirrenden Handel waltet über die Welt«, so die berühmten Schlusssätze eines ganzen Lebens, »und ich habe nichts angelegentlicher zu tun als dasjenige was an mir ist und geblieben ist wo möglich zu steigern und meine Eigentümlichkeit zu kohobieren, wie Sie es, würdiger Freund, auf Ihrer Burg ja auch bewerkstelligen.« Im Lichte der zitierten Passage über Autorität aus der »Farbenlehre« erweisen diese Formulierungen ihre gänzlich unaffektierte Nüchternheit. Das Bild einer »Burg«, auf der der Schreiber des Briefes wie sein Adressat je für sich wirken, übersetzt die temporale Insularität von Fortschritt und Erkenntnis im meist wirren Verlauf von Wissenschaft und Kunst zurück ins Räumliche.

Diese Nüchternheit sollte man im Gedächtnis behalten, wenn man Goethes Wirkungsgeschichte, also seine Autorität bei der Nachwelt, bedenkt. »Goethe ist in der Geschichte der Deutschen ein Zwischenfall ohne Folgen«: Dieses »zackige Nietzsche-Wort« sei, so Martin Mosebach in seiner Büchner-Preis-Rede, »doch sehr undankbar« gegenüber dem Mann, »der in seinem Werk Brentano und Hölderlin, Heine und Stifter vorweggenommen hat«, wie überhaupt »beinahe alles Gute in der deutschen Literatur des neunzehnten Jahrhunderts von Goethe geweckt« worden sei.[6] Nietzsche selbst

---

6 Martin Mosebach, Ultima ratio regis, München 2007, S. 30. Die bekannten Äußerungen Nietzsches stammen aus Menschliches, Allzumenschliches, II, 125 (»Zwischenfall ohne Folgen«) und II, 109 (»Goethes Unterhaltungen mit Eckermann, das beste deutschen Buch, das es gibt«) sowie Goetzendämmerung, 49 (»kein deutsches Ereignis, sondern ein europäisches«).

hat sein Dekret revidiert, als er auf die Frage, was von der deutschen Prosa-Literatur übrigbleibe, das es verdiente, wieder und wieder gelesen zu werden, wenn man von Goethes Schriften absehe und namentlich von Goethes Unterhaltungen mit Eckermann, »dem besten deutschen Buche, das es gibt«, die zwei Autoren der Zeit nach Goethe nannte, die ohne ihn tatsächlich undenkbar wären, Gottfried Keller und Adalbert Stifter. Bemerkenswert ist hier aber vor allem die Nennung von Eckermann, dessen Werk nicht nur das Modell einer individuellen Goethe-Jüngerschaft zeigt, sondern vor allem einen Goethe, der nicht durch einzelne Werke oder Weisheiten wirkt, sondern als Mensch: »Seine Person, seine bloße Nähe scheint mir bildend zu sein, selbst wenn er kein Wort sagte«, heißt es schon ganz am Beginn der »Gespräche mit Goethe« zum 18. September 1823, und dieses Leitmotiv bleibt bis zum Schluss, wo Eckermann Abschied von der athletischen Leiche Goethes nimmt, bestimmend für seinen Text. Übrigens gehört zu Goethes Wirkungsgeschichte eben auch ganz eminent der Umstand, dass er die einzige Autorität in der deutschen Überlieferung war, die Friedrich Nietzsche bis zum Schluss, bis in die »Götzendämmerung«, vorbehaltlos anerkannte.

Aber diese unbestreitbare Abhängigkeit der späteren deutschen Literatur von Goethe, die Gottfried Benn in seinem Kaisergeburtstagbrief von 1936 an Oelze mit den Worten »90% des Inselverlags, einschließlich Herr Carossa u. Ihr Herr Schröder, auch Hofmannsthal« karikierend bis in seine Gegenwart fortführte[7], war es gar nicht, die Nietzsche mit dem Wort vom Zwischenfall ohne Folgen meinte. Die Frage, die er eigentlich aufwarf, lautet: »Wer wäre imstande, in der deutschen Politik der letzten 70 Jahre zum Beispiel ein Stück Goethe aufzuzeigen!« Sie bedarf nicht einmal des Fragezeichens, weil schon die Vorstellung, man hätte im späteren 19. Jahrhundert Politik im Geiste Goethes machen können, etwas Absurdes hat. Goethe, der beste Freund und Ratgeber eines kleinen Fürsten, war weder ein politischer Rhetoriker wie Schiller oder der republikanische Thomas Mann, noch war er der unpolitische oder gar überpolitische Mensch, zu dem ihn die »Betrachtungen eines Unpolitischen« machen wollen; er war ein politisch-diplomatischer Praktiker in so konkreten Umständen, dass sich daraus keine Doktrinen oder Schlagworte, nicht einmal schöne Merksätze für Verfassungstage gewinnen lassen – ganz zu schweigen von jenen sich im Kerzenschimmer versammelnden Goethe-Kreisen, die nach einem Vorschlag Friedrich Meineckes die von der deutschen Katastrophe vernichtete Kultur hätten heilen sollen.[8] Und darum bleibt

---

7 Gottfried Benn, Briefe an Oelze, Nr. 63 (27.1.1936), bekanntlich anlässlich von Goethes später »Novelle«.
8 Friedrich Meinecke, Autobiographische Schriften, hrsg. von Eberhard Kessel, Stuttgart 1969, S. 442 ff.

das Bild, das Thomas Mann in den »Betrachtungen« zeichnet, wo er vor allem das desillusionierte Rechtsdenken Goethes herausarbeitet, immer noch treffender als die späteren Synthesen zu Goethe als dem »Repräsentanten des bürgerlichen Zeitalters« oder gar zum Thema »Goethe und die Demokratie«. Denn nicht einmal als ein Bürger im Sinne des 19. Jahrhunderts kann Goethe ohne Abstriche gelten: Der Sohn eines Frankfurter Rentiers verwandelte sich zu einem universalgelehrten Poeten, der zwischen einem Hof mit seinem Theater und einer Universität mit ihrer Infrastruktur aus Bibliotheken und Sammlungen pendelte und dessen sommerlicher Umgang in den böhmischen Bädern überwiegend die allerhöchste europäische Aristokratie darstellte. Die Nähe zur Gelehrsamkeit hat die Nachwelt für einen Irrweg gehalten, weil Goethes Hauptanliegen, die Widerlegung Newtons, sich nicht durchsetzte; dass Goethe alle Fächer seiner Zeit mit fast gleichmäßiger Aufmerksamkeit verfolgte, sogar Philosophie und Geschichtswissenschaft, interessiert nur noch Spezialisten. Und die »Hofluft«, in der Goethe sich bewegte, hat man ihm in der Nachfolge Beethovens immer wieder zum Vorwurf gemacht. Neben der pauschalen Kritik am »Stabilitätsnarren« und »Fürstenknecht« hat man auch eifrig Einzelfälle autoritären Verhaltens gesucht und gefunden: So hat Goethe einen Diener, der während der Fahrt mit dem Kutscher auf dem Bock eine Prügelei begann, unverzüglich bei der Polizei in Jena abgeliefert[9], einen im Theater unflätig herumbrüllenden Schauspieler ließ er sechs Tage in Arrest setzen, während dem Herzog Carl August 24 Stunden ausgereicht hätten.[10] Und er votierte für die Todesstrafe gegen eine Kindsmörderin – die Alternative wäre das langsame Verschmachten in einem Kerker ohne Aussicht auf Befreiung gewesen.[11] Trotzdem sind das Einzelfälle. Dass Goethe für seine Diener loyal gesorgt hat, ist gut dokumentiert, und ein Theater leitet man nicht über 25 Jahre, wenn man sich nicht durchzusetzen versteht, aber auch nicht, wenn man ein Wüterich ist. Trotz der Strenge, mit der Goethe gegen das Gelächter ob der unfreiwilligen Komik in der Weimarer Aufführung von Friedrich Schlegels »Alarcos« gebieterisch »Stille, stille!« rufend einschritt[12] und trotz der lebenslangen Mühe um einen hohen Stil, den die »Regeln für Schauspieler« taxonomisch festhalten, hat sich sein Spielplan ganz überwiegend den Vorlieben des damaligen Publikums ange-

---

9 Walter Schleif, Goethes Diener, Berlin und Weimar 1965, S. 159–161.
10 Der kuriose Vorgang kam erst jüngst durch den Kommentar zu Goethes Tagebüchern von 1809 bis 1812 (hrsg. von Edith Zehm, Sebastian Mangold und Ariane Ludwig, Stuttgart und Weimar 2009, S. 1350 [zum 30.11.1810]) ans Licht.
11 Hierzu darf man ausnahmsweise auf einen Kriminalroman verweisen: Viktor Glass, Goethes Hinrichtung, Berlin 2009.
12 Friedrich Schlegel, Dichtungen (hrsg. von Hans Eichner, Kritische Friedrich-Schlegel-Ausgabe V, München, Paderborn, Wien 1962), S. LXXVII.

schmiegt: August von Kotzebue, nicht etwa Schiller oder Goethe, war der meistgespielte Autor auf der Weimarer Bühne, selbst populäre Schauerdramatiker wie Zarachias Werner und die Gräfin Weißenthurn kamen zum Zuge, während »Torquato Tasso«, auch weil dort ein Herzog auf der Bühne steht, zwanzig Jahre auf seine Uraufführung warten musste. Dass Peter Hacks in unseren Tagen für die Zwecke seines eigenen Kleinstaates die Karikatur eines bonapartistischen Kulturdiktators entwarf, hat den Wust der Irrtümer über Goethes Stellung in seiner historischen Umwelt nur noch weiter vermehrt.[13]

Die Freundschaft mit seinem Herzog Carl August – Goethes lebenslange, am Ende überwältigend gelungene Wette auf Justus Mösers Programm einer »Kultur im Einzelnen« des Kleinstaates – zeigt nun das genaue Gegenteil von Knechtschaft. Ist der Herzog doch über Jahre geradezu ein schwer erziehbares Sorgenkind Goethes gewesen, der in unentwegter Furcht vor dessen erotischen oder militärischen Eskapaden lebte. Die Teilnahme Weimars an den Revolutionskriegen, überhaupt die enge Anlehnung an Preußen, hat Goethe mit tiefem Misstrauen erfüllt. In der Zeit des Rheinbundes, als Carl August es mit der preußischen Opposition hielt, während Goethe für Loyalität zur Ordnung des Festlands-

---

13 Peter Hacks, Eine Goethesche Auskunft zu Fragen der Theaterarchitektur, in ders., Die Maßgaben der Kunst, Berlin 1996, S. 282 ff. (zuerst 1982).

kaisers votierte, steigerte sich der Zwiespalt fast ins Unerträgliche. Aber Goethe war eben, bei Wahrung jener überkommenen äußeren Rangverhältnisse, die rousseauistisch aufzulösen für ihn trotz der Kumpanei in den wilden ersten Weimarer Jahren nie in Frage kam, immer und vor allem ein aufrichtiger Freund seines Herzogs, und zwar der überlegene. Zutreffend hat Herman Grimm schon 1878 festgehalten, »alle Briefe Goethes an den Herzog, auch wo er sich noch so sehr in den Formen hält, welche der Rang vorschreibt, sind von oben nach unten, und alle Briefe des Herzogs, auch wenn er manchmal den Anschein völlig umzudrehen suchte, sind von unten nach oben geschrieben« – auch das ein Beitrag zum Thema »Goethe und die Autorität«.[14]

Auch Goethe hat, wie er es in dem Essay zur Autorität in der »Farbenlehre« beschrieb, als Jüngling im »Gefühl seiner Macht und Herrlichkeit« gegen die überkommene Ordnung aufbegehrt. Und ein scharfer Kritiker von Obrigkeiten konnte er von Fall zu Fall sein Leben lang bleiben, lag für ihn doch der eigentliche Grund der Französischen Revolution in der Verkommenheit der Regierung. Aber zu einem Propheten ungebundener Freiheit ist er nicht geworden. Des Freisten Freiheit sei Recht zu tun, sagt Herzog Alba im »Egmont«: »Und daran wird sie der König nicht hindern.« Emil

---

14 Herman Grimm, Goethe, hrsg. von Reinhard Buchwald, Stuttgart 1939, S. 243.

Staiger hat in einer der seltenen Untersuchungen zu Goethes Freiheitsverständnis herausgearbeitet, wie für diesen Freiheit sich in der Übereinstimmung mit dem Gesetz eines größeren Ganzen erfüllt, übrigens auch im Geistigen, wo damit die Vereinzelung im Subjektivismus vermieden wird.[15]

Das lässt sich im Politischen durchaus noch schärfer fassen. Was Goethe an der Französischen Revolution am meisten verstörte, war die Gefährdung des staatlichen Gewaltmonopols, das für ihn in der Institution des Königtums beschlossen war. »Ein König wird auf Tod und Leben angeklagt«, heißt es in der »Campagne in Frankreich«, »da kommen Gedanken in Umlauf, Verhältnisse zur Sprache, welche für ewig zu beschwichtigen sich das Königtum vor Jahrhunderten kräftig eingesetzt hatte.«[16] Das ist der Hintergrund für jene berühmte, von Goethe erzählerisch so ausführlich ausgestaltete Szene in der »Belagerung von Mainz«, wo Goethe mit der ganzen Autorität seiner Person und mit lauter Stimme »Halt!« gebietend im militärischen Bereich des Herzogs von Weimar das Platzrecht aufrecht erhält, um die Mainzer »Clubbisten« und

---

15 Emil Staiger, Goethe und die Freiheit des Menschen, in: AA. VV. Erziehung zur Freiheit (hrsg. von Albert Hunold, Erlenbach-Zürich und Stuttgart 1959), S. 337–354. Zum »Egmont«-Zitat S. 339.

16 MA 14, S. 513 und 515. Dazu in großem Zusammenhang Michael Jaeger, Fausts Kolonie, 2. Auflage Würzburg 2005, S. 144 ff.

Jakobiner, denen man freien Abzug versprochen hatte, vor der Lynchjustiz der durch Krieg und Belagerung ruinierten und hasserfüllten Bevölkerung zu schützen. Man zitiert oft den Satz, in den diese Szene mündet – »Es liegt nun einmal in meiner Natur, ich will lieber eine Ungerechtigkeit begehen, als Unordnung ertragen« – als Zeugnis für Goethes autoritären Geist.[17] Wer den Vorgang aber in allen Details, die Goethe gibt, betrachtet, muss erkennen, dass es hier darum geht, einen Ausbruch gegenrevolutionärer Rache, also eigentlich »weißen Terrors« zu verhindern.[18] Dass Goethe nichts so sehr fürchtete wie den Ausbruch blinder Volkswut, hat er unmittelbar vor der Revolution im »Römischen Carneval« und gleich nach dem Ende Napoleons im »Sankt-Rochus-Fest auf Bingen« festgehalten. Die dabei entstehende »Unordnung« bedeutete nämlich für ihn die Abschaffung selbst der Möglichkeit von Gerechtigkeit; darum war für Goethe die »Ordnung«, verstanden als Zustand der Gewaltlosigkeit, der übergeordnete Begriff.

Überzeugend hat Emil Staiger dargelegt, die Autoritäten, auf die Goethe selbst sich immer wie-

---

17 MA 14, S. 546f.
18 Auf einen vergleichbar eindrucksvollen Einsatz Goethescher Autorität, nämlich bei einem Ausbruch von Panik auf dem Schiff vor Capri während eines Unwetters am 14. Mai 1787 (MA 15, S. 388f.), hat mich Martin Mosebach hingewiesen. Auch dort sagt Goethe ausdrücklich, ihm sei »von Jugend auf Anarchie verdrießlicher gewesen als der Tod selbst«.

der berufen habe, seien die Natur, die Stimmen des Volkes und der Frauen und die Griechen, das natürlichste Kulturvolk, gewesen.[19] Goethes organischer Begriff einer sich unentwegt verwandelnden und pulsierenden Natur, in der die Teile sich zwanglos ins Ganze fügen, zeigt eine Ordnung der Gewaltlosigkeit, in der selbst die Erdentstehung neptunisch-mählich und nicht vulkanisch-abrupt gedacht wird.[20] Hier ist keine Einzelerscheinung nur Mittel zu einem höheren Zweck, sondern gleichzeitig auch wertvoll und schön in sich. Dieses harmonische Naturbild stimmt zu der Gelassenheit, die Goethe in den Fragen der Autorität zeigt. Und es stimmt zu der unermüdlichen, gleichbleibenden, aber nie gepressten Sorgfalt, mit der Goethe alles in seinem Leben behandelte, von den Versmaßen jener Dichtungen, die oft jahrelang ihrer Vollendung entgegenreiften, bis zu den Amtlichen Schriften, vom Theater bis zu den in Schubladen geordneten Münzen. Aus dieser Sorgfalt entsteht jene »Lebenskunst«, die vor dem Ersten Weltkrieg ein Brevier von Wilhelm Bode für alle Bereiche – Beruf, Erwerb, Wohnung, Äußere Erscheinung, Freundschaft, Feinde, Gesundheitspflege, Mahlzeiten und Wein und so weiter – so zierlich darstellte, dass es zu einem der erfolgreichsten Goethe-Bücher aller

---

19 Staiger (wie Anm. 15) S. 345.
20 Dazu neuerdings der schöne Band von Gerd-Rainer Riedel, Jochen Klauß, Horst Feiler: Der Neptunistenstreit. Goethes Suche nach Erkenntnis in Böhmen, Milo (Uckerland) 2009.

Zeiten wurde.[21] Hier, in der konkreten Anschauung des zur gleichen Zeit von Georg Simmel gefeierten »Genies der Normalität«[22] liegt das offenbare Geheimnis von Goethes zwangloser Autorität bei späteren Generationen: Es besteht in der Anziehungskraft eines in allen Bezügen interessanten, beispielhaft gelungenen, umfassend Sprache gewordenen Lebens. Zu seiner auf ungezählte Einzelne über alle epochalen Wechselfälle wirkenden Kraft hat der überwiegend ganz unzackige, eher leise und milde, gar nicht blendende, nämlich vollendet zivilisierte Ton der Goetheschen Weisheiten, zumal in »Maximen und Reflexionen« beigetragen. Die »kleinste Schar«, die Goethe in seinem Gedicht »Vermächtnis« ansprach, summiert sich im Lauf der Jahrhunderte zu einer unentwegt wachsenden Generationenfolge nachdenklicher Leser, die dankbar sind wie der treuherzige Eckermann: »Ich gab ihm recht und dachte, der Alte sagt doch gelegentlich immer etwas Gutes.«[23]

---

21 Mir liegt vor das 22. bis 29. Tausend, Berlin 1922.
22 Georg Simmel, Goethe (Gesamtausgabe, Band 15, Frankfurt am Main 2003 [zuerst 1912]), v. a. die abschließende Kadenz S. 269 ff.
23 14. Oktober 1823.

Doktor Faustus II.

Über die Wiedererkennungen des William Gaddis

WER den Roman »Die Fälschung der Welt«[1] von William Gaddis aufschlägt, macht schon zu Beginn die Bekanntschaft eines Pudels: »Sieht so aus, als ob uns der Hund da nachläuft«, sagt eine der Figuren, »läuft immer im Kreis um uns herum, und jedesmal ein bisschen näher.« Hier dürfte jedenfalls der deutsche Leser das Gefühl haben, einen alten Bekannten zu treffen: »Siehst du den schwarzen Hund durch Saat und Stoppel streifen«, sagt Goethes Faust im Osterspaziergang zu Wagner, »bemerkst du, wie in weitem Schneckenkreise/Er um uns her und immer näher jagt?«

»The Recognitions« ist der amerikanische Originaltitel von Gaddis' 1955 erschienenem Werk, wörtlich zu übersetzen als »Die Wiedererkennungen«. Wiedererkennungseffekte beschert er einem auf Schritt und Tritt, Zitate, Echos, Anspielungen aus allen Epochen der griechisch-römisch-christlichen Überlieferung. Die ungeheure, manchmal auch

---

[1] William Gaddis: Die Fälschung der Welt. Roman. Aus dem Amerikanischen von Marcus Ingendaay. Steven Moore: Die Fakten hinter der Fälschung. Ein Führer durch William Gaddis Roman »Die Fälschung der Welt«. Aus dem Amerikanischen von Klaus Modick. Frankfurt am Main 1998.

den gutwilligen und wohlvorbereiteten Leser erdrückende Gelehrsamkeit, die dieser Roman zum Material seiner Kunst macht, ist, wie man schnell einsehen muss, kein bloßer intellektueller Prunk, sondern notwendige Ausstattung eines Buches, dessen Thema sich mit einem Wort benennen lässt: die Kultur. Will man zwei zusätzliche Worte investieren, darf man hinzufügen: Kunst und Religion.

Der bei Erscheinen seines gewaltigen Erstlings 33 Jahre alte Autor (so alt wie Christus am Kreuz, sagt man sich nach dem Wiedererkennungstraining der »Recognitions«) hat also ein Buch über kaum weniger als alles vorgelegt. Will man sich da hineinfinden und überhaupt ein paar Mitteilungen machen, muss man ziemlich willkürlich einen einzelnen Bedeutungsfaden herausziehen; wir wählen den Faust-Faden, der sich im Lauf der Erzählung mit so vielen anderen Fäden verbindet, dass am Ende ein gut haltbares Seil daraus wird. »Die Fälschung der Welt« ist, unter anderem, aber keineswegs zuletzt, ein Faust-Roman, und zwar einer, der direkt anschließt an den »Doktor Faustus« von Thomas Mann. Die »Recognitions« von Gaddis entstanden um 1950. Damals war der 1947 erschienene »Doktor Faustus« in Amerika zwar kein populäres, aber gewiss ein sehr bekanntes Buch; immerhin handelte es sich um die erste ambitionierte ästhetische Verarbeitung der deutschen Katastrophe.

Von Thomas Mann übernahm Gaddis die Verknüpfung von Faust-Stoff und Künstlerroman. Sein

Held, dessen Leben er erzählt, ist ein begnadeter Maler. Das Genie dieses Wyatt Gwyon besteht in der unwahrscheinlichen Fähigkeit, so zu malen, wie am Ursprung des europäischen Tafelbilds gemalt wurde, nämlich wie die Niederländer des vierzehnten und fünfzehnten Jahrhunderts, Jan van Eyck oder Hugo van der Goes. Wyatt, der von seinem Vorbild, dem Komponisten Leverkühn bei Thomas Mann, die Züge einer wahnsinnsnahen, autistischen Kontaktarmut geerbt hat, ist aber mehr als ein Kopist; er versteht es, neue Werke im Stil und Geist seiner alten Meister zu schaffen, und zwar so überzeugende, dass der Kunstmarkt und seine Experten sie als neuentdeckte Originale akzeptieren. Gaddis' Faustus ist ein Fälscher.

So inszeniert der Roman die wichtigste seiner vielen motivischen Umkehrungen. Die Tradition des Faust handelte von Grenzüberschreitungen, Aufbrüchen ins Unbekannte, von Qual und Glück des Weiterschreitens. Der Faustus von Gaddis kehrt zurück zur Unschuld der Anfänge, zum gläubigen und weltfrommen Andachtsbild des späten Mittelalters. Der Maler Wyatt, Sohn eines Pfarrers und abgebrochener Theologiestudent, geht zu den Ursprüngen und verzichtet dafür auf alle Originalität. Aber Kunstwerke aus dem Geist des Mittelalters, die im zwanzigsten Jahrhundert entstehen, sind wertlos. Unendlich wertvoll werden sie, wenn man sie als alte Originale ausgibt. Das besorgt der Mephisto dieses Faust, der Kunsthändler Recktall

Brown, Herrchen jenes Pudels, den wir schon kennen. Wyatt verzichtet auf den eigenen Namen und seine Signatur, auf alle äußeren Zeichen von Genie und Subjektivität, versieht seine Bilder mit Spuren der Zeit und lässt sie den Teufel Brown als überraschend entdeckte Originale auf den Kunstmarkt bringen.

Zeit, und sei es künstlich herbeigefälschte, wird Geld: Wertvoll ist echte alte Kunst oder aber originelle moderne. Die Gegenfigur von Wyatt in Gaddis' Roman ist ein zeitgenössischer Maler, der das verschmutzte Hemd eines Schwerarbeiters rahmt und als modernes Meisterwerk dem New Yorker Kunstpublikum auf einer Vernissage vorstellt, die nichts anderes abgibt als die Wiederkehr einer faustischen Walpurgisnacht. Zeit und Fortschritt, Geld und Markt, das sind die Prinzipien des Teufels. Sehr plausibel ist es in dieser Logik, dass die zweite reine Seele des Buches ein Geldfälscher ist, der Zwanzig-Dollarscheine so sorgfältig nachdruckt, als seien es originale Kunstwerke vor dem Zeitalter ihrer technischen Reproduzierbarkeit. Die Fälscher, der Maler und der Kriminelle, unterlaufen Zeit und entwerten Geld; sie dienen in der Logik des Romans der Wahrheit. Das Thema der Fälschung, das der deutsche Titel in den Vordergrund rückt, führt zu der allgemeineren Frage nach Wahrheit und Ewigkeit von Kunst. Die Ideenkonstellation der »Recognitions« ist platonisch. Für Platon war die sinnliche Wirklichkeit nur der Abklatsch, die durch Körperlichkeit beschmutzte Ableitung ewiger Ideen. Kunst, die Wirklichkeit darstellt, ist in diesem Verständnis der Abklatsch eines Abklatsches, eine Form des Sekundären, genauer: des Tertiären. Eine Kunst gar, die Wirklichkeit nicht mehr darstellt, auf Mimesis verzichtet, selbst Schöpfung werden und ihre eigene Wirklichkeit herstellen will, wie die moderne nicht figurative Kunst unseres Jahrhunderts, kann in einer platonischen Konzeption nichts sein als ein teuflisches Lügengespinst. Der Fälscher Wyatt bleibt immerhin bei den Ursprüngen der Malerei und damit der Wahrheit nahe, während der fortschrittliche abstrakte Maler der wahre Fälscher ist, der sich mit dem Fortschritt von den ewigen Ideen und der Wahrheit entfernt.

Mit der Gegenüberstellung des faustischen Fortschrittsthemas und des platonischen Ewigkeitsmotivs im Genre des Künstlerromans hat William Gaddis eine Bedeutungsmaschine angeworfen, die es dann auch vermag, die Frage nach der Wahrheit von Kultur überhaupt durchzuspielen. Kultur heißt Tradition, heißt Geschichte, heißt Zeit, heißt Vergessen, Erinnern, Wiedererkennen. Darum geht es in diesem gigantischen Buch. Seine zentrale Szene ist eine furchtbar entgleisende New Yorker Weihnachtsparty und höchst unklassische Walpurgisnacht im Jahre 1950. Genau in der Mitte des Jahrhunderts, so stellt man heute an seinem Ende staunend fest, hat ein junges Genie jene Endzeitfragen aufgeworfen, die uns heute unter eher harmlosen Stichworten wie »Postmoderne« oder »Ende der Kunst« umtreiben. Gründlicher ist das Ende der Avantgarde, überhaupt der Bankrott zivilisatorischen Fortschritts nie durchdacht worden.

Dieser kurze begriffliche Grundriss ist selber bloß ein schwacher Abklatsch des Buches, Bleistiftskizze eines Großgemäldes. Sie teilt wenig mit von seinem gedanklichen Witz, gar nichts von seiner Farbigkeit, der überreichen, teppichhaft verschlungenen Handlung, der beträchtlichen Komik und der Feinheit einer Motivik, die den Vergleich mit der spätscholastischen Subtilität der niederländischen Meister nicht zu scheuen braucht. In Gaddis' platonischem Geisterreich sind alle Figuren Schatten von Vorbildern, und man lernt, dass es in der Sprache sogar Schatten zweiten Grades gibt, Schatten von Schatten. Als wichtige Nebenfigur beispielsweise tritt ein leichtfüßiger junger Mann auf, ein erfolgloser Theaterschriftsteller, der gern helle Sommeranzüge trägt, deutlich ein Double von Oscar Wilde, im Faust-Zusammenhang aber ein Wiedergänger des Dichterknaben Euphorion, in dem Goethe seine Verehrung für Lord Byron bezeugte. Euphorion ist im Faust eine Wiederholung des Homunculus, eines alchimistischen Kunstwesens. Diese Euphorion-Gestalt heißt bei Gaddis Otto; Otto aber ist das Kind in Goethes »Die Wahlverwandtschaften«, als gemeinsames Produkt der vier die Elemente repräsentierenden Hauptfiguren, ebenfalls ein Kunstwesen, ein Homunculus. In Gaddis' Otto haben wir also eine Überblendung von zwei realen und zwei literarischen Figuren vor uns: Byron, Wilde, Euphorion-Homunculus, Otto.

Das nützliche Kommentarbuch von Steven Moore, das der Verlag zusammen mit der Übersetzung des Romans herausbringt, schlüsselt nur einen Bruchteil dieser tausendfältigen Bezüge auf. Die Inhaltsangabe ist praktisch zum Hinterherlesen; wer sie vorher liest, raubt sich den Witz einer Handlungsführung, die dem Leser das Wiedererkennen von Situationen und Figuren abverlangt, die quer über den ganzen Text miteinander verwoben sind. Auch dafür nur ein einziges Beispiel: Der Vater des Helden Wyatt, ein Landpfarrer in Neuengland, möchte, dass nach seinem Tod seine Asche zur Bestattung in ein spanisches Kloster gebracht wird. Sein Nachfolger versendet auftragsgemäß die Asche in einer Blechschachtel, die er einem Care-Paket beifügt. Dutzende von Seiten später wird der Leser Zeuge davon, wie in dem spanischen Kloster ein Care-Paket eintrifft, das unter anderem eine Blechschachtel mit gesundem amerikanischen Vollkornmehl enthält. Die Mönche backen damit ein sonderbar klumpendes Schwarzbrot, das unter anderen Wyatt, der inzwischen in dem Kloster als Bilderrestaurateur arbeitet, verspeist. Was er dabei zu sich nimmt, ist die Asche seines Vaters. Er selbst weiß nichts davon; ob der Leser es bemerkt, hängt von seinem Gedächtnis ab, von seiner Fähigkeit zum Wiedererkennen. Deckt man diesen Bezug auf, wird er krude symbolisch; bei Gaddis ist er nur ein dünner Faden auf der Rückseite des Teppichs.

Die »Fälschung der Welt« ist einer der kompliziertesten Romane, die je geschrieben wurden; er gehört zu jenen Büchern, deren erste Lektüre Arbeit ist, während er jede folgende mit immer gesteigerter Lust belohnt. Wer dieses Buch bewältigt, der darf sich trösten, dass er nun in Drachenblut gebadet hat, denn kein Werk der ästhetischen Moderne wird ihn mehr schrecken können. Im Überreichtum seiner Mittel und in seiner überzüchteten Komplexität verrät der Roman, dessen Thematik so unverbraucht wirkt, allerdings seine Entstehungszeit. Er gehört zur zweiten Generation des modernen Romans, der Generation nach Joyce und Proust. Die Technik seiner Handlungsführung erinnert frappant an gleichzeitige Werke wie Doderers »Dämonen« oder Cortazars »Rayuela«. Zugleich zeigt »Die Fälschung der Welt« mit seinem Glauben an die Macht eines unerschöpflichen Wissens den feurigen Jugendgeist eines Anfängers, der sein Können voll ausspielen will. Dass Gaddis mit diesem Buch der Durchbruch nicht gelang, erscheint heute unbegreiflich. Jahrelang musste der junge Autor für die Rüstungsindustrie arbeiten, und sein nächstes Werk, der Roman »JR« (1996 ins Deutsche übertragen), erschien erst zwei Jahrzehnte nach der »Fälschung der Welt«, im Jahr 1975.

Allerdings standen die »Recognitions« in scharfem Gegensatz zum realistischen Hauptstrom der amerikanischen Literatur in den fünfziger Jahren. Dieser Gegensatz war beabsichtigt; in einer New Yorker Künstlerkneipe hat Gaddis eine Romanfigur plaziert, die aussieht wie Hemingway, von der aber niemand weiß, ob es sich wirklich um den Großautor handelt: Stumm und dumm sitzt der alte Mann am Tresen und trinkt. Gaddis beherrscht virtuos die Mittel seiner unmittelbaren Vorläufer, Techniken, die Joyce, Dos Passos und Faulkner entwickelt haben. Sein eigener Beitrag, den er erst in seinen späteren Werken vollendet hat, ist die Verlagerung der Handlung in ein erzählerloses Stimmengewirr, eine Dialog-, besser Polylogtechnik, die soziale Wirklichkeit in ihren kleinsten Einheiten, den mündlichen Äußerungen der Menschen rekonstruieren will, im Wortmüll, den Phrasen, den zerbrochenen Sätzen, der dissonanten Tonspur unseres Alltags. Dieses in »JR« dann musikhaft ausgestaltete Erzählverfahren findet sich bereits in den Walpurgisnächten der »Recognitions«, aber es beherrscht noch nicht den ganzen Text des Romans, dessen schönste Partien beschreibend und lyrisch sind. Der deutsche Übersetzer Marcus Ingendaay hat hier meisterhaft gearbeitet, den Stimmungswechseln des Romans, seinem unheimlichen Lyrismus, ist er ebenso gewachsen wie dem dissonanten Geklimper der Dialoge und den übereinandergemalten Farbschichten der Zitate. »Die Fälschung der Welt« ist so vielsprachig und -schichtig wie die Spätzeit, die er darstellt. Sein ästhetisches Gelingen hängt daran, dass sein platonisches Räsonnement nicht aufgeht. Er trauert den verlorenen Ursprüngen nach; er ist beherrscht von der Melancholie einer Kultur, die den Kreis ihrer Möglichkeiten für ausgeschritten halten muss und daher vom Originalkunstwerk zur demutsvollen Kopie zurückkehrt.

Seinen spätzeitlichen Charakter trägt das Werk durch die überbordende Fülle der Zitate und Bezüge vor sich her. Selbst in den detailverliebten Bildern der frühen Niederländer entdeckt es am Ende nur Angst: Die hyperreale Präsenz all der Details auf ihnen, der Gräser, Blumen, Tiere und Gewänder komme nur daher, »weil sich nichts auf diesen Bildern des göttlichen Blicks sicher war, deshalb musste sich alles in den Vordergrund drängen. Und zwar aus Angst.« Der Vater des Maler-Faustus Wyatt, der Pfarrer ist, sucht den Ursprung des Glaubens hinter dem Christentum und landet beim Heidentum von Sonnenkult und Mithrasverehrung, so wie der Besucher Roms unter der Kirche von San Clemente in ein Mithrasheiligtum hinabsteigen kann. In solchen Resultaten stellt das Buch seinen Ausgangspunkt zur Disposition und vermeidet das Positive einer Lehre. Wyatt restauriert am Ende Bilder, indem er die Farbe von ihnen abkratzt und eine Tabula rasa herstellt. Der Ursprung ist leer; das letzte Bild des Romans zeigt, wie eine Kathedrale zusammenstürzt, weil ein frommer Komponist an der Orgel eine Messe uraufführt und mit den Bässen das morsche Gemäuer der Kirche überfordert. Aber »Die Fälschung der Welt« ist in ihrer motivischen Selbstbezüglichkeit selbst eine Kathedrale, ein Gebäude, das mehr ist als die Summe seiner einzelnen Bauteile. Seine schönsten Partien sind Schilderungen des modernen Alltags, die allerschönste die Beschreibung des Heimwegs eines einsamen Angestellten von der Arbeit durch U-Bahn und Straßenschluchten. Düster sind die verlorenen Ursprünge, trivial und dissonant die Oberflächen des Alltags. Schön aber ist die Spannung von Ursprung und Alltag, die der Roman aufbaut, die Hintergründigkeit unseres so gott- wie kunstfernen Daseins, die er rettet.

»Seine Kindheit«, heißt es von einer Nebenfigur, »erschien ihm mittlerweile wie irgendein Buch, das er irgendwann einmal gelesen, dann verlegt hatte, dann vergessen, dann wiederentdeckt als billigen Nachdruck in einer Bahnhofsbuchhandlung: also erneut gekauft, im Zug durchgeblättert und bei Ankunft am Zielort wahrscheinlich ebendort zurückgelassen.« Ist der Nachdruck aus der Bahnhofsbuchhandlung nicht poetischer als das verlorene Original, eben weil er voll von Erinnerungen ist?

Nicht mitmachen
Meine Außenseiter

WER sich dem Außenseitertum nähert, sollte ehrlicherweise damit beginnen, dass es nicht wünschenswert ist, Außenseiter zu sein. Die spätmittelalterliche Frau, die als Hexe identifiziert wurde, der Homosexuelle im heutigen Iran oder auch das mit irgendeinem scheinbaren Makel behaftete Kind, das in der Gruppe seiner Gleichaltrigen zum »Opfer« wird, sie alle sind ja in der Regel keineswegs durch Begabungen oder gar Genie ausgezeichnet, die ihre furchtbaren Leiden aufwiegen könnten. Vielmehr sind es ganz normale, sogar durchschnittliche Menschen, die nichts mehr ersehnen, als in ihren heimischen sozialen Zusammenhängen Anerkennung und Zuneigung zu finden.

Vielleicht treibt ihre Verzweiflung sie zu dem Punkt, sich selber anders zu wünschen, ohne Schwulsein oder Fettsein, aber zunächst würden sie wohl am liebsten so genommen werden, wie sie sind. Doch die umgebenden Gruppen wählen sie als singuläre Ziele selbststabilisierender Gewalt aus, hetzen und quälen sie entweder rasch zu Tode oder erhalten sie als dauernde Objekte der Grausamkeit am Leben; dieses Leben, am Rande, aber in Reichweite der Gesellschaft, als Spielobjekte von Meuten, wird zur Hölle.

Dass solche Menschen dann auch anders zu denken beginnen als die Mehrheit, ist unvermeidlich. Aber das beweist noch gar nichts über die Qualitäten solcher Randständigkeit. Die Welt war seit jeher voll von bedauernswerten Spinnern, von Depressiven und Größenwahnsinnigen, von Leuten, die mit sich selbst sprechen, sich nicht im Griff haben und den schlichtesten Anforderungen an ein geordnetes Dasein nicht gewachsen sind. Nur wenn hohe Begabung und eine große Ichstärke dazukommen, mag das primäre Außenseitertum, wie es von jeder Gruppe, jeder Gesellschaft und jedem Moral- und Rechtssystem produziert wird, fruchtbar werden.

Außenseiter aber, die sich mit ihresgleichen als Gruppe konstituieren, um gemeinsam aus der Gesellschaft auszuziehen, eine neue Gemeinschaft, etwa eine Kirche zu gründen oder einfach ihre Interessen zu vertreten, sind es nur noch bedingt. Schon der alteuropäische Jude war Außenseiter zunächst nur in Bezug auf die christliche Mehrheitsgesellschaft, nicht innerhalb seiner Gruppe; der moderne Schwule kann in den westlichen Großstädten sein »anderes«, aber unauffälliges Leben führen und sich gelegentlichen Schulterklopfens von der Mehrheitsgesellschaft erfreuen – erschütterndes Spießertum inbegriffen.

Die Gleichheitspostulate der nur noch funktional differenzierten, weithin individualisierten Gesellschaften haben den Druck auf Außenseiter zunächst dramatisiert, dann aber auch wieder entspannt. Am

Ende wird man darauf kommen, dass Befreiung und Anpassungsdruck sich in Nullsummenspielen verschieben; so war es, anders als heute, in traditionalen Gesellschaften zwar viel leichter, moralisch anstößig zu werden, aber beispielsweise auch leichter, ohne Schande arm zu sein. Die ständische Gesellschaft war viel bunter, aber auch viel starrer als unser heutiges liberales Gewusel; wo das Denken freier sein kann, dürfte eine offene Frage sein.

Ich vermute, dass ungefähr so, könnten wir ihm unser Thema heute unterbreiten, das Fazit eines meiner Lieblingsaußenseiter wäre, des Historikers Jacob Burckhardt: aufmerksam für alle historischen Unterschiede, jedoch glaubenslos in Fortschrittsfragen, vor allem aber denkbar nüchtern in der Wahrnehmung der menschlichen Natur. Heute, für uns, ist Burckhardt der einzige wirklich lebendige Historiker des deutschsprachigen 19. Jahrhunderts. Er aber zog es während seiner produktivsten Lebenszeit vor, gar nicht mehr zu publizieren, ließ seine Einwände gegen den Optimismus der Epoche in kleinen Hörsälen verhallen und lehnte folgerichtig auch den Ruf auf den Berliner Lehrstuhl Rankes ab.

Nie hätte er sich als Außenseiter verstanden, nicht einmal als freien Geist im Sinne Nietzsches; er wollte nur nicht mittun beim technisch-industriell-nationalstaatlichen Fortschritt und auch nicht bei der Professionalisierung einer arbeitsteiligen Forschung. Er stilisierte sich auch nicht als Genie auf höherer Warte, sondern begriff seine besondere geistige Position als historischen Überrest einer stadtbürgerlich-ständischen Vorzeit. Und doch konnte er sagen, »wir sind die Welle selbst« und so jede privilegierte Beobachterrolle ablehnen.

Doch mit seinen Kapiteln zum Ruhm in der »Kultur der Renaissance in Italien« und zur historischen Größe in den Vorlesungen zum Studium der Geschichte hat Burckhardt natürlich auch Beiträge zu unserem Themenfeld geliefert. In der modernen Kultur wird der Ausnahmemensch, das Genie also, oft mit dem Außenseiter verwechselt. Und für den produktiven Ausnahmemenschen interessierte sich der ganz und gar unegalitäre Burckhardt allerdings aufs höchste. Größe ist ihm dabei schlicht das, »was wir nicht sind«. Im Einklang mit Goethes auf Napoleon gemünzter Formulierung von der »Produktivität der Taten« macht Burckhardt dabei keinen Unterschied zwischen künstlerischer und politisch-militärischer Größe. Groß sind Kolumbus, Michelangelo und Napoleon. Und ein Künstler wie Michelangelo kann für ihn nicht weniger »verhängnisvoll« sein als eine dämonische Verkörperung des Weltlaufs wie Napoleon.

Über die moderne, auf Nietzsche und Freud folgende Vermischung und Verwechslung der Themen von Außenseitertum und Größe, etwa in Gottfried Benns Beobachtung, die zwei neuzeitlichen Zentralgenies Michelangelo und Shakespeare seien homosexuell gewesen, hätte Burckhardt wohl den Kopf geschüttelt. Wir dürfen anfügen: Wenn Proust oder Alexander der Große zur Verteidigung der Homosexualität herhalten müssen, wird das Leben anstrengend.

Das mag die sonderbare Bahn eines Außenseiters illustrieren, den ich nicht besonders schätze, nämlich die Oscar Wildes. Wilde begann mit einer eigentlich aristokratisch-akademischen, dem britischen Universitäts- und Adelsmilieu entsprungenen Pose, der des nonkonformistischen Exzentrikers und Snobs. Die Methode der Provokation einer bürgerlich-wohlanständigen Durchschnittlichkeit lebte von feudalen Freiheiten, die Wilde für einen radikalen Begriff vom Künstler fruchtbar machte, angereichert mit modernen Elementen des Dandyismus. Aber Wilde blieb dabei nicht stehen. Indem er einen Beleidigungsprozess gegen den Vater seines Liebhabers lostrat, der rasch zum spektakulärsten Sittlichkeitsverfahren der Epoche wurde, schritt er fort auf der Bahn vom Exzentriker hin zum echten, existentiellen Außenseiter. In den Wortgefechten mit dem ihm geistig gewachsenen Anwalt der britischen Krone[1] wagte Wilde die Probe aufs Exempel, ob sein ästhetisches Ausnahmemenschentum auch sein erotisches Außenseitertum tragen könne – und scheiterte.

---

1 Vgl. Merlin Holland, Oscar Wilde im Kreuzverhör. München 2003.

Menschliche Größe erreichte Wilde, indem er den Weg zu Ende ging, also dem Gefängnis und der Zwangsarbeit nicht auswich; aber auf diesem Passionsweg legte er auch seine Exzentrikerexistenz ab. Bewusst oder unbewusst litt Oscar Wilde dafür, dass heute die Schwulen in der westlichen Welt etwas freier leben können als vor hundert Jahren. Er selbst aber ging nach seiner Haft zum Papst nach Rom, um im Schoß jener Kirche Frieden zu finden, die zwar Gefallene und Sünder kennt, aber keine Außenseiter. Wäre dieser Quintenzirkel der Randständigkeit nur nicht von so viel schaler, heute schon gealterter Literatur begleitet worden!

Muss aber der Ausnahmemensch nicht zwangsläufig auch Außenseiter sein? Stempelt überragende Begabung das Individuum nicht so oder so zum Paria der bürgerlichen Gesellschaft? Das behauptet eine solide deutsche Tradition von Friedrich Nietzsche und Stefan George bis zu Arno Schmidt samt ihren zahlreichen hochfahrenden Gefolgsleuten wie Gottfried Benn und Hans Wollschläger. Der Dichter als Führer, der große Autor als »Gehirntier«, der freie Geist in dünnster Höhenluft, das sind Figuren und immer neu besetzbare Rollen, die vor allem auf junge, anlehnungsbedürftige Leser eine bis heute nicht nachlassende Anziehungskraft ausüben. So konnte Arno Schmidt in seinen »Nachrichten von Büchern und Menschen« die deutsche Klassik als Ansammlung pathologischer Gestalten, hypernervöser, bindungsunfähiger Arbeitstiere, von Primzahlmenschen, Schreckensmännern und sanften Unmenschen schildern – unter sorgsamer Umgehung von Goethe und Schiller.

Darüber könnte man ähnliche Witze reißen, wie es Rudolf Borchardt über die Umfälschung der Weltgeschichte zu einer Ahnenreihe Stefan Georges tat; übrigens aus intimer Kenntnis, denn natürlich verstand sich auch Borchardt nach so einem Modell, jenem Dante nämlich, der seine Bahn ging und die Leute reden ließ. Und war nicht schon Borchardts Rede auf Hofmannsthal das nur allzu durchsichtige Angebot: Sei du mein naiver Goethe, ich mach dir den sentimentalischen Schiller! Als Jugendlicher habe ich das gerne gelesen, jetzt lache ich darüber, aber die Büsten von Schmidt und Borchardt dürfen noch heute auf der Konsole bei meinen Lieblingsaußenseitern stehen, weil sie mich so gefordert und gefördert haben.

Solche teils tragischen, teils komischen Gestalten scheinen nun doch zu bestätigen, dass Goethe tatsächlich ein Zwischenfall ohne Folgen in der deutschen Kultur war. Denn Goethe, der nicht zuletzt durch die Beobachtung Napoleons und mit der Rede vom Dämonischen den denkbar radikalsten Begriff vom Ausnahmemenschentum entwickelte, den er übrigens für sich selbst ausdrücklich nicht in Anspruch nahm, Goethe also, versuchte bei durchaus realistischer Einschätzung seiner einzigartigen Begabung doch ein exemplarisches Leben zu führen. Und so tut »Dichtung und Wahrheit« alles dafür, seinen Helden als Exponenten der Epoche zu zeigen, als einen Menschen, der ein anderer geworden wäre, wenn er zehn Jahre früher oder später geboren worden wäre, dessen Erfahrungen aber für jedermann Gültigkeit haben.

Goethes Lebensbeschreibung ist seither so sehr zum Modell der Autobiographie geworden, dass vergessen wurde, was für eine Neuerung diese Art der Selbsthistorisierung in dem von christlich-sündenbewusster Selbsterforschung geprägten Genre Autobiographie einmal war. Eine in Absprache mit Goethe entstandene Rezension der ersten drei Bände von »Dichtung und Wahrheit« von Karl Ludwig von Woltmann hat dies schon 1815 formuliert. »Goethe und sein Jahrhundert« sei, so Woltmann, der eigentlich zweckmäßige Titel des Werks. »Wählt man einen niedrigeren Gesichtspunct: so läuft man Gefahr, die bekannten Selbstbiographieen, von Rousseau, Stilling, Alfieri, der gegenwärtigen vorzuziehen, und an solchen Fremdlingen in ihrem Zeitalter, welches sie mit wunder Empfindlichkeit, verworrenen Ansichten oder kaltem Stolz verwünschten, träumerisch dollmetschten und verachteten, mehr Theil zu nehmen, als an der unendlichen Anschauung des Universums der Menschheit in einem gegebenen Zeitalter, die sich hier zum ersten Mal in einem Individuum ausspricht.«

Georg Simmels bündige Formel vom »Genie der Normalität« hat durchaus ihr Fundament in Goethes Intentionen. Dieser distanzierte sich ja nicht nur vom Geniekult seiner Jugendzeit und der späteren Romantiker, sondern zeigte im Porträt Newtons in der »Farbenlehre« auch die Verhängniskraft eines idiosynkratischen, von starrem Wollen beherrschten Charakters, wie ihn nur der an Exzentrikern reiche Boden Englands hervorbringen konnte. So darf man »Dichtung und Wahrheit« als den menschenfreundlichen Versuch des Ausnahmemenschen Goethe lesen, der Mit- und Nachwelt etwas Lebenstaugliches zu hinterlassen, unter diskreter Ausblendung des eigenen Außenseitertums. Und natürlich hat man ihm gerade das zum Vorwurf gemacht.

Thomas Manns ebenso fragiles wie leicht mechanisches Lebenskonstrukt zwischen Künstlertum und Bürgerlichkeit wiederum ist auch lesbar als der Versuch eines homosexuellen Nietzschelesers, den Goetheschen Lebensentwurf modernisiert nachzuahmen. Bürgerlichkeit wird mit Dekadenz so weit flexibilisiert, dass die Grenzen der Norm menschenfreundlich verschwimmen. So vermochte Thomas Mann auch die Begrenzungen seiner Epoche zu überwinden und zum bis heute global beliebten, ja fernsehtauglichen Familienschriftsteller aufzusteigen. Selten wurde Außenseitertum fürs Gemeinwohl einer liberalen Gesellschaft akzeptabler als in dieser spätgoethischen Metamorphose. Die Kosten in der eigenen Familie waren allerdings fürchterlich.

Keinen Freund, kein Vaterland, keine Religion dürfe der Schriftsteller wie auch der Historiker haben, forderte Arno Schmidt. Das klingt anspruchsvoll, ist aber leicht gesagt, und am Ende jedenfalls für Historiker nicht einmal richtig. Wie sollte ein so isolierter Mensch eine begreifbare Historie verfassen können, in der es ja zwangsläufig auch um Religion, Vaterlandsliebe und andere soziale Gefühle gehen muss? Die Wahrheit ist vielmehr, dass der Historiker seine Gegenstände halb von innen und halb von außen sehen sollte, sonst können nur Parteischriften oder Abrechnungen entstehen, die am Ende nur eine rasende Menschheit zeigen.

Man hat zu Recht gesagt, dass einige der bedeutendsten Geschichtswerke von Besiegten wie Thukydides oder Machiavelli stammen; aber das macht sie noch nicht zu Außenseitern, auch wenn es ihrer Zeugenschaft eine verschärfte Dringlichkeit verschafft. Der Außenseiter Burckhardt war einer vor allem in Bezug auf sein Fach, die zur Wissenschaft aufgestiegene, auch philosophisch gewordene Historie; als weltgeschichtlicher Betrachter aber verband er Empathie und Kälte in einer Weise, die weit über Arno Schmidts herrischen Kalenderspruch hinausgeht.

Mit dem alltäglichen, elenden Außenseitertum, das so gar nicht wünschenswert ist, hat all das aber nichts zu tun. Wenn ich darüber nachdenke, bin ich bei meinem eigentlichen Lieblingsaußenseiter, den ich durch einen Deutschlehrer im Alter von siebzehn Jahren kennenlernte und seither nie ganz aus den Augen verloren habe: Heinrich Schaumann, genannt »Stopfkuchen«, den Helden von

Wilhelm Raabes gleichnamigem meisterhaften Roman. Man verharmlost diese Figur, wenn man sie, wie es die Germanistik tat, als »Sonderling« in eine lange Ahnenreihe stellt.[2] Dann wird Heinrich Schaumann zu einer beschaulichen Figur weltüberlegenen Rückzugs, der auf seiner berühmten Roten Schanze aus dem Siebenjährigen Krieg sitzend die Welt nur von oben betrachtet.

Doch schon die vielgerühmte selbstbezüglich-zeitlose Erzählform des Romans lässt anderes erkennen. Das Buch zwingt dem Leser fast gewaltsam sein eigenes Tempo auf, in einem Maß, dass man sich als Erstleser noch bis tief in den Text hinein kaum entscheiden kann, ob man mitspielen will oder nicht. Denn die sadistische Verlangsamung von Stopfkuchens Redefluss wird erst am Ende als Racheakt erkennbar und auch benannt. Zunächst ist Heinrich Schaumann nichts anderes als das normale ausgestoßene fettleibige Kind, das von seinen Kameraden verprügelt und links liegen gelassen wird.

Aus dieser Außenseiterposition wird er des noch viel schrecklicheren Schicksals des Bauern Quakatz ansichtig, der eines unbeweisbaren, aber von der Hetzmeute der Stadtgemeinschaft für plausibel gehaltenen Mordes an einem Viehhändler bezichtigt wird. Diese Außenseiter, das gemobbte Kind Hein-

---

2 Vgl. Herman Meyer, Der Sonderling in der deutschen Dichtung. München 1963.

rich und der ausgestoßene Bauer mit seiner verwahrlosten und verstörten Tochter, werden nun keineswegs als gute oder auch nur annähernd sympathische Menschen gezeigt. Nie wurde in der deutschen Literatur der Schrecken, aber auch die banale Erbärmlichkeit des Außenseitertums so grausam exponiert, die abschnürende Grausamkeit des »wir hier« und »dort alle anderen«, die eben zu gar nichts Gutem führt, nicht einmal bei den Opfern. Und so sagt Stopfkuchens Frau, die Tochter des schuldlos ausgestoßenen Quakatz, auch ganz einfach: »Wenn einer damals nicht zu den Andern gehörte, Herr Eduard, so war das mein Mann. Nicht etwa, weil er gerade so was Besonderes an sich gehabt hätte, sondern gerade vielleicht, weil er das nicht hatte und auch an uns in unserer Verscheuchung und Verschüchterung nichts Besonderes fand und mit uns wie mit ganz gewöhnlichen sonstigen Menschen in Verkehr und Umgang kam!«

Stopfkuchen, der schopenhauerisch weise Schauende dieses endlos hintergründigen Romans, ist also erst gar kein Ausnahmemensch, er steht sogar der Fabrikware der Natur so illusionslos nahe, dass er durchblicken lässt, nicht nur der unschuldige Quakatz, sondern auch er selbst hätte bei Gelegenheit durchaus zum Mörder werden können. Denn in dieser See- und Mordgeschichte geht es ja weniger um den am Ende banalen, halb zufälligen Totschlag an dem Viehhändler, sondern um das Mörderische in der normalen Menschennatur, auch noch am Ende des fortgeschrittenen, gebildeten 19. Jahrhunderts. Der Außenseiter Stopfkuchen, das verprügelte dicke Kind, das zum Schul- und Universitätsversager wird, heiratet in die Pariafamilie des angeblichen Mörders ein und bildet also erst einmal eine kleine Gegengruppe, in der so etwas wie Normalität und Frieden wieder entstehen kann. Dann gelingt es ihm fast beiläufig, den wahren Mörder zu entdecken, dem er zwar die Beichte abnimmt – eine der großartigsten Seiten deutscher Sprache –, den er aber trotzdem nicht der irdischen Gerechtigkeit, die wiederum nur das Rasen der Gemeinschaft wäre, übergibt.

So unterbricht Schaumann-Stopfkuchen absichtsvoll den Kreislauf der Gewalt zwischen dem Kollektiv und den Einzelnen: mit wie viel Recht, erweist sich beim Begräbnis des erst nach seinem Tod von Stopfkuchen auch öffentlich enttarnten Mörders, jenes dämonisch durch die Landschaft im Kreis laufenden Landbriefträgers Störzer, dessen Sarg niemand aus der Gemeinschaft mehr folgen mag. Sogar die Post verweigert ihrem loyalsten Diener das letzte Geleit!

Die in der Gruppe zwischen den einen und den anderen, der Mehrheit und den Einzelnen flottierende Gewalt aber verwandelt Heinrich Schaumann in Sprache: in jenen halb therapeutischen, halb Rache nehmenden, über zweihundert Seiten strömenden Monolog, aus dem Raabes Roman zum größten Teil besteht. Der tiefsinnigste erzähltechnische Trick des Buches besteht nun darin, dass dieser

Monolog an ein durchaus ansehnliches, weltoffenes und weitgereistes Mitglied der Mehrheitsgesellschaft gerichtet wird, den ihm einst eigentlich gar nicht so freundlichen Jugendfreund Eduard, der es als Kaufmann und Farmer aus der deutschen Kleinstadt bis nach Südafrika geschafft hat. Mit ihm kann sich jeder Leser bis heute mühelos identifizieren.

Der fast aberwitzig virtuose Beziehungsreichtum von Raabes raumzeitlicher Konstruktion ist oft analysiert worden. Für das Grundthema des Buches, die Dialektik des normalen Außenseitertums, bedeutet sie weit mehr als eine Äußerlichkeit: Sie dichtet das Buch gewissermaßen gegen den Rest der Welt und ihre Kommunikation ab und macht es selbst zu einem geläuterten Solitär, wie es der titelgebende Held in seiner ganzen Existenz wurde. Nicht umsonst ist eine Kanonenkugel aus dem Siebenjährigen Krieg das Dingsymbol des Romans, das genau in seiner räumlichen Mitte liegt und auch Kosmos und Sterngewölbe repräsentiert, mindestens aber jenen Erdball, den Eduard auf dem Heimweg nach Afrika umschiffen muss, um Stopfkuchens Monolog niederzuschreiben.

In der Figur des Eduard redete Wilhelm Raabe seine wilhelminisch gewordenen Zeitgenossen an, die sich bei Erscheinen des Buches 1891 gerade auf den Weg zur Weltpolitik begaben.[3] Eduard ist die

---

[3] Aufschlussreich der Nachdruck der Erstausgabe: Wilhelm Raabe, Stopfkuchen. Eine See- und Mordgeschichte, München 2011.

eigentliche Figur der Zukunft in diesem Roman, nämlich der agile, auf der Höhe der Zeit stehende, weltgewandte Mitläufer. Es hat eine fast unheimliche Symbolik, dass Raabes dann rasch vergessenes Spätwerk ausgerechnet zu dem Zeitpunkt wiederentdeckt wurde, als dieser moderne Mitläufertypus sich anschickte, in Deutschland die Macht zu ergreifen: im Jahre 1932, seltsamerweise von dem katholischen Philosophen Romano Guardini, der in seiner Abhandlung »Über Wilhelm Raabes Stopfkuchen« die formale Meisterschaft wie die idiosynkratische Moral des Buches erstmals umfassend offenlegte.

Und so ist mir der dicke Vielfraß Heinrich Schaumann-Stopfkuchen auch so viel lieber geblieben als alle dürren Bartlebys und Hungerkünstler, die sagen, dass sie lieber nicht möchten, ohne dass ernstlich etwas daraus folgte, lieber auch als Ernst Jüngers verschwörerischer Waldgänger. Heinrich Schaumann ist der Außenseiter, der etwas daraus macht und sich zu einem seltsam normalen Ausnahmemenschen steigert, ohne nämlich ein Genie sein zu müssen und der in unseren Tagen aufs kurrente Geschwätz von »Widerstand« ganz gewiss verzichten würde.

Ein Genie, das war nur sein Erfinder Wilhelm Raabe, und wenn er heute einen Nachfolger hat, dann in Max Goldt, der uns »Vom Zauber des seitlich dran Vorbeigehens« berichtet: Zauberhaft ist es nämlich, einfach dran vorbeizugehen, wenn die Menge ihre lauten Festivals der Hässlichkeit feiert.

Dem Niagara entgegen

Über Jacob Burckhardts Vorlesungen
zur Geschichte des Revolutionszeitalters

JEDE Epoche der neuzeitlich bewegten Geschichte hat ihre eigene Urkatastrophe. Von ihr leitet sie nicht nur ihren gegenwärtigen Zustand ab, sondern auch alle anderen Fragen an die Vergangenheit, zuletzt die nach dem Menschenmöglichen. Für uns ist das immer noch der Zweite Weltkrieg mit Völkermord und Untergang. Für Europa war es davor der Erste Weltkrieg. Fürs 19. Jahrhundert aber war die Urkatastrophe, die alles in Frage stellte und alles neu geordnet hatte, die Zeit von Französischer Revolution und Napoleon.

Bis 1914 wurden nicht mehr so große Menschenmassen in Bewegung gesetzt, wie in den Jahren von 1812 bis 1814, als Napoleon in Russland einmarschiert war und in Völkerschlachten nach Frankreich zurückgedrängt werden musste. Der Umbau des Staatensystems in dieser Epoche, die Verfassungs- und Regimewechsel in fast allen Ländern waren schier beispiellos. Der revolutionäre Terror in Paris, der Hauptstadt der zivilisierten Welt, hatte schockierende Einblicke in die Möglichkeiten der aufgeklärten Menschennatur geboten.

Wer Kontakt zu diesen Erschütterungen suchte,

die wir nach so viel Schlimmerem oft zu leicht nehmen, der musste sich schon immer an einen Denker der zweiten Hälfte des 19. Jahrhunderts wenden, den Schweizer Historiker Jacob Burckhardt. Doch alles, was wir von Burckhardts Denken über seine eigene Epoche wissen, stammt aus Nachlasswerken oder Briefen. Er hat seine eigene Zeit in den bei Lebzeiten publizierten Werken nie direkt berührt, anders als seine Zeitgenossen Leopold Ranke, Johann Gustav Droysen, Heinrich von Treitschke oder Heinrich von Sybel. Was er dazu dachte, teilte er einem kleinen Basler Vorlesungsauditorium mit (darunter Friedrich Nietzsche) und wenigen Briefpartnern.

Doch was davon bekannt wurde, war bedeutend genug. Im Dritten Reich kursierten in der inneren Opposition prophetische Briefe über eine kommende Epoche von Zwangswirtschaft und Militärdespotie, die Burckhardt während Bismarcks Reichsgründung geschrieben hatte. Die 1905 aus Burckhardts Nachlass rekonstruierten »Weltgeschichtlichen Betrachtungen« enthalten ein Kapitel zu den historischen Krisen, hier allgemein als »beschleunigte Prozesse« charakterisiert. Dass der geschichtsphilosophisch mit Fortschrittsideen aufgeladene Begriff der »Revolution« in der allgemeineren, kälteren Krisentypologie eingeschmolzen war, ist kennzeichnend für Burckhardts Geschichtsdenken. Seinen Ausgangspunkt nimmt es »vom einzigen bleibenden und für uns möglichen Zentrum, vom duldenden, strebenden und handelnden Menschen, wie er ist und immer war und sein wird«. »Revolution« also nicht als Versprechen auf einen neuen Menschheitszustand, sondern als Vorgang neben anderen: Völkerwanderungen, Kriegen, Sozialunruhen und Verfassungskrisen.

Doch wie schwer es Burckhardt fiel, die seine Gegenwart bestimmende Krise, die Große Revolution, in die bisherige Menschheitsgeschichte einzuordnen, war schon daran abzulesen, dass seine allgemeine Krisentypologie sich über lange Strecken wie eine um Namen und Daten bereinigte Darstellung eben dieser Revolution liest: vom hoffnungsvollen Beginn, der sich steigenden Beschleunigung – Tage vollbringen, was in Jahrhunderten unmöglich schien –, über den chaotischen Verlust von Ordnung und Kontrolle, die dann durch Gewalt und Despotie wiederhergestellt werden und neue Rechte und »Wünschbarkeiten« schaffen, bis zum Ende, das alles Furchtbare gerechtfertigt erscheinen lässt.

Dabei ließ Burckhardt in Zusätzen über »die Beschaffenheit der heutigen Krisis« aus der Zeit nach der Reichsgründung keinen Zweifel daran, dass seine Zeit immer noch in einer Epoche mit der Französischen Revolution lebe: Die Ruhe nach 1815 war trügerisch gewesen, die Revolutionen von 1848 mit ihren nationalen Folgen in Italien und Deutschland hatten die einmal begonnene Bewegung folgerichtig fortgesetzt. Ausdrücklich sprach Burckhardt dabei auch von Industrie und Verkehr, darüber hinaus von jenem »Geist der ewigen Revision«, der es nicht mehr erlaubte, einen Weltzustand legitim zu fixieren. Die Krise der Gegenwart bestand darin, dass Revolution in ihr zum Prinzip geworden war.

Von seiner konkreten Darstellung der Revolution gab dann Werner Kägis große Biographie einen summarischen Begriff auf Grund der Vorlesungsmanuskripte im Nachlass. Und 1974 rekonstruierte Kägis Schüler Ernst Ziegler mit Hilfe von Vorlesungsmitschriften einen »gesprochenen Wortlaut«, der das wiedergab, was Burckhardt im Hörsaal mehr als ein Dutzend mal zwischen 1859 und 1883 geboten hatte. Wichtig war dabei die Feststellung, dass Burckhardt nach sorgfältiger Memorierung frei sprach, nicht etwa ablas; übrigens mit schauspielerischer Lebhaftigkeit, mal mit gekreuzten Beinen ans Katheder gelehnt, mal hin- und herwandernd, einmal sogar bei aktuellem Anlass mit ostentativ in die Arme versenktem Kopf: Da waren die Preußen gerade dabei, Paris zu beschießen.

Burckhardts handschriftliche Notizen – also die Skripte zu den großen Auftritten im Hörsaal – erklärte Kägi für nicht edierbar. Sie stellen ein vieltausendseitiges Konvolut eines durchlaufenden, mit »RevZ« bezeichneten und seitennummerierten Grundtextes dar, zu dem eine im Lauf der Jahrzehnte wachsende Masse von »Beiblättern« trat, in denen Einzelfragen, neue Literatur, neue Gesichtspunkte nachgetragen wurden. Vielfach bestehen sie aus langen Zitaten von Originalquellen und Darstellungen aller Parteien, von Jakobinern, Reaktionären und späteren Historikern. Unmöglich, aus diesem über 35 Jahre gewachsenen Massiv einen Text, gar einen kritischen zu machen!

Nun liegt er doch vor, nicht im ganz strengen Sinne kritisch, jedoch nachvollziehbar ediert, vor allem durchweg in Burckhardts oft idiosynkratischen Schreibungen, und stellt eine monumentale Überraschung dar.[4] Der von einer jungen Herausgebergruppe um den Berliner Historiker Wolfgang Hardtwig mit sachkundiger Hilfe Ernst Zieglers konstituierte Text ist eine Sensation: eine tausendstimmige, in alle Richtungen ausgreifende, gleichwohl lesbare und durchgängige Erzähl- und Gedankenbewegung, ein neues Hauptwerk Jacob Burckhardts. Sein Rang als interessantester, gedankenreichster der großen deutschsprachigen Historiker des 19. Jahrhundert wird hier triumphal befestigt.

Die Herausgeber haben die kluge Entscheidung getroffen, Grundtext und Beiblätter zu einem Fließtext zusammenzuschieben, also die Einzelfragen und Exzerpte jeweils am gehörigen Punkt einzufügen, jedoch nicht einzuebnen: So entsteht ein Fluss mit vielen Seitenarmen, der am Ende alles wieder-

---

[4] Jacob Burckhardt: Geschichte des Revolutionszeitalters. Aus dem Nachlass herausgegeben von Wolfang Hardtwig, Simon Kießling, Bernd Klesmann, Philipp Müller und Ernst Ziegler. (Kritische Gesamtausgabe der Werke von Jacob Burckhardt, Band 28), München und Basel 2009.

aufnimmt. Der Effekt ist überwältigend, nämlich ganz modern: Wir hören nicht nur Burckhardts eigenen unverwechselbaren Ton, sondern auch seine Vorläufer und Zeitgenossen, die er auswertet, mit denen er spricht und die er sich abschreibt. Ein Viertel des Gesamttextes dürfte französisch sein. So entsteht ein vielstimmiges, polyperspektivisches, mehrsprachiges Werk, und dass in diesem manchmal fast karnevalistischen Gewirr die eigentlich sanfte Stimme Burckhardts nie die Oberhand verliert, ist ein Beweis seiner Stärke.

Burckhardt hört und ordnet, was sein Jahrhundert über sich selbst zu sagen hat, er regiert alles, mit durchdringendem Scharfsinn, mit einer nie erlahmenden Aufmerksamkeit, oft mit Ironie, Humor und vor allem mit seiner größten Gabe, dem Staunen, das sich immer wieder zum Schaudern steigert. Der Leser erlebt diesen großen Historiker ganz bei sich.

So wird die Lektüre dieses ungeheuren Geistergesprächs ein reines Vergnügen. »Schuft!« schreibt Burckhardt einem jakobinischen Gewährsmann an den Rand, »auch du, Tocqueville!« heißt es, wenn der konservative Historiker doch noch bei einer Fortschrittsillusion ertappt wird. »Hier traue ich Louis Blanc keinen Schritt mehr« – und so fort. Selbst kleine stilistische Marotten sind vielsagend, so wenn er den sittenlosen Directoire-Oligarchen Barras lateinisch dekliniert, wie einen fetten römischen Senator: Napoleon habe »Barrae« kein Verdienst an einem bestimmten Erfolg zukommen lassen wollen. Ob hinter dem Namen des aus einer sardischen Familie stammenden Marat sich ein »Mara«, also ein »phönizisch-molochitischer« Grund finden lasse, erwägt der Betrachter für sich.

Beißend der durchgehende Humor mit zynischem Einschlag, der den Blick auf den Karneval des Fortschritts einfärbt. So berichtet Burckhardt ausführlich von der Verelendung der Bauern im vorrevolutionären Frankreich – Sozial- und Wirtschaftsgeschichte sind ein Hauptthema dieser Blätter –, nicht ohne anzufügen, so verarmt seien die Bauern freilich nicht gewesen, dass sie nicht nach der Enteignung von Adels- und Kirchengütern viele Millionen »aus ihren Strümpfen und Töpfen« hervorholen konnten, um diese dem Staat abzukaufen.

Da Burckhardt sich wie in allen seinen Werken fürs Große und nur scheinbar Kleine gleichermaßen interessiert, sind ihm auch alle Akteure eigene Porträts wert, Charakteristiken von konkretem Witz: »Sie war dick und hatte geschwollene Beine aber noch alle geistige Frische und Ehrgeiz«, heißt es knapp über die russische Zarin Katharina, die zahllose antirevolutionäre Manifeste in die Welt sendet, allein keinen einzigen Soldaten marschieren lässt.

Überhaupt Burckhardts Einfachheit. Sie wäre eine eigene Betrachtung wert, denn gerade das am simpelsten Gesagte enthält bei ihm die Resultate langen Nachdenkens. Beim ersten Auftreten Napoleons stehen nur ein paar leise Sätze (der Leser hat noch

600 Seiten zu dem Usurpator vor sich), die schon alles enthalten: »Wie hätte es unter Napoleon's Regierung ein anderer Napoleon gehabt? es wäre ihm schlimm ergangen. Napoleon hatte einen sechsten Sinn für alle Kriegssachen, und einen siebten für Alles was zur Machtbereitung diente. Sein wie aller solcher Leute Todfeind: die Ungeduld, die seiner späteren Laufbahn großes Verderben brachte.«

Schlichter kann man es nicht sagen, den gewaltigen Rest des Urteils entwickelt Burckhardt aus den Tatsachen, bis zu dem Inferno des Russlandkriegs, das hier mit Tolstoischer Wucht erscheint, mitten darin der Kaiser als Gott des Todes. Es sind Halbsätze, die den Leser frieren machen. Über Borodino, dessen Grauen in »Krieg und Frieden« aus denselben Quellen geschildert wird, die auch Burckhardt benutzte, stellt dieser fest, es sei die »größte Schlacht seit Erfindung des Schießpulvers« gewesen, um nach einer kriegstaktischen Erörterung zu schließen: »Sie war überflüssig.«

Nie erlahmend ist Burckhardts Aufmerksamkeit für Greueltaten und Grausamkeiten, hier ganz geprägt von seinem philosophischen Lehrmeister Schopenhauer. Im Hörsaal weigerte er sich, bestimmte Taten und ihre Motive auszubreiten, zu beschämend seien sie für die Menschennatur. Auf dem forum internum seines Manuskripts gibt er allen Opfern die Ehre, nicht nur der öffentlich gedemütigten Marie Antoinette, der geschändeten Herzogin von Lamballe, sondern auch unbekannten Opfern des weißen Terros in der Vendée, die man von Türmen hinunterwarf. Eine lange Liste von Tötungsarten wird im Lauf der Seiten daraus, und wer sie gelesen hat, der wird Burckhardts Kälte beim Referat von »Menschenrechten« und anderen revolutionären Errungenschaften besser verstehen.

Um »Mord an sich« sei es bei der »Arbeit der Henker« in der Revolution bald gegangen, und so sieht sich der Historiker genötigt, einen neuen Menschentypus zu beschreiben: Die »Konstruktion des Jakobiners«, also des Fanatikers, der nicht mehr aus religiösen, sondern aus politischen Gründen beliebig zu töten bereit ist. Er begleitet die moderne Weltgeschichte bis heute.

Ist Burckhardt ein gegenrevolutionärer Schriftsteller? So mag es dem ersten Blick erscheinen, und es ist natürlich kein Zufall, dass ganz am Beginn des Manuskripts wuchtige Worte stehen: »Die alte und die jetzige Zeit. Due secoli, l'un contro all' altro armato« (zwei Jahrhunderte, gegeneinander in Waffen), dann beim eigentlichen Beginn der Revolutionszeit Goethes berühmte Maxime: »Allgemeine Begriffe und großer Dünkel sind immer auf dem Wege, entsetzliches Unglück anzurichten.«

Burckhardt wirkt aber heute womöglich viel gegenrevolutionärer als in seiner Zeit, weil für uns die Französische Revolution so viel selbstverständlicher zu den Grundlagen unserer Welt gehört. Die Kosten aber sind längst vergessen und von so viel Schlimmerem überholt worden, dass wir sogar das

Erstaunen darüber verlernt haben. Eben dieses wiederherzustellen, den Schrecken der Revolution als Menschheitsumbruch fühlbar zu machen, ist das wichtigste Resultat, das die Lektüre dem heutigen Leser beschert. Die Revolution war etwas Unerwartetes, ihr Verlauf eine Kette von Überraschungen, so sehr sich rückblickend alles als notwendig konstruieren lässt. Das Revolutionszeitalter stehe, so heißt es lapidar zu Beginn, »im Gegensatz zu aller bekannten Vergangenheit«.

Burckhardt stellt das Neue wieder her. »Die Macht«, schreibt er für die Zeit unter Ludwig XVI., »kannte ihre künftigen Gegner noch nicht, schon weil diese sich selbst und vollends sich unter einander noch nicht kannten. Man trieb einem Niagarafall zu. (...) An die Masse dachte gar Niemand; ihre Erscheinung, als sie dann wirklich auftrat, verblüffte Alle.« Das ist gelinde gesagt; wenn man es auf Burckhardts Text überträgt und seinen Reiz in einen Satz bringen will, dann lautet er so: Er beschenkt uns mit einer langen Kette von Verblüffungen.

Sein Kurs rede, heißt es in der ersten Einleitung, »vom Anfang dessen was noch fortwirkt und wirken wird, von dem Weltalter dessen weitere Entwicklung wir noch nicht kennen«. Diese Einleitungen sollte man schnellstens separat als Broschüre herausgeben, damit sie erschwinglich werden für jeden Studenten der Geschichte. Wieder mit trügerischer Einfachheit entwickelt Burckhardt darin die Grundlagen der Modernität. Es sind große Oppositionen, die den Plan zeichnen, aus dem alles andere folgt: »Unbewegliches X allgemeine Beweglichkeit. / Zerstückelung der Macht X Concentration der Macht. / Altes göttliches Recht X allgemeine Bestreitbarkeit der Macht. / Alles außer Frage X lauter Discussion.« So in einem Zettel.

Er fragt nicht nach Humanitärem, sondern nach Grundbedingungen menschlichen Zusammenlebens. Und in solchen Grundfragen löst sich auch die Alternative von Revolution und Gegenrevolution auf. Glück und Unglück in der Weltgeschichte stellen ein Nullsummenspiel dar: Der Gewinn der Freiheit bedeutet einen Verlust an Lebensgewissheit. Das Hauptresultat der Revolution sei, so Burckhardt, dass aller Besitz beweglich wurde, also der Primat des Ökonomischen. Marx hätte es kaum anders gesagt.

In der Frage nach den menschlichen Lebensformen liegt am Ende auch die Spannung zwischen den Begriffen »Krise« und »Revolution« beschlossen, die Burckhardt nie aufgelöst hat. Krisen, mit allen ihren Enthemmungen, hat es immer gegeben. Ob die Revolution seit 1789 der Menschennatur etwas Irreversibles hinzugefügt hat, womit fortan zu rechnen ist, oder ob sie als Gegensatz zu aller bisherigen Geschichte eine monströse Ausnahme darstellt, bleibt offen. Als etwas rein Gutes kann es nach diesen 1200 Seiten Text kaum noch erscheinen. Das Wichtigste über den neuen mobilisierten Zustand hat Burckhardt in eine Maxime von Goethescher Einfachheit gebracht: »Eile und Sorge verderben das Dasein.«

Die Spannung zwischen »Krise« und »Revolution« zeigt schon den logischen Kern jener Debatten, die unsere Zeit nach ihrer letzten Urkatastrophe zu führen hat, beispielsweise zu der Frage, ob der Holocaust »einmalig und unvergleichbar« sei, also der einzigartige historische Ausnahmefall oder eben doch eine anthropologische Möglichkeit, mit der zu rechnen bleibt. Das Schaudern ist der Menschheit bestes Teil.

Die Europäische Freiheit

Friedrich von Gentz und
die Pluralität der Staaten

Das Äquivalent zur Freiheit in der bürgerlichen Gesellschaft ist in der Staatengesellschaft der Friede. Und zwar Friede nicht als bloßer, mit Gewalt bewehrter und dauerhafter Waffenstillstand, sondern der vertraglich geordnete, rechtsförmig ausgestaltete Verzicht auf Gewaltmittel zwischen den Staaten eines zusammenhängenden geopolitischen Raumes. Erst eine solche, wenn auch unvollkommene und vorläufige Friedensordnung sichert ihren Teilhabern die elementare Rechtssicherheit schon in ihrer Existenz, ohne die auch jede freiheitliche Entwicklung im Inneren so gut wie ausgeschlossen scheint. Der längste und mit den gewaltigsten Mitteln geschützte Waffenstillstand der Geschichte, der Kalte Krieg, wurde erkauft mit diktatorischer Knechtung in einer ganzen Welthälfte; er verletzte in Marionettenregimen und von außen gelenkten Demokratien auch die Freiheitsrechte in der angeblich freien Welthälfte.

Freiheit in der Staatenwelt ist zunächst die Freiheit der Staaten, überhaupt zu existieren; dann die Freiheit zu autonomer Entwicklung der gesellschaftlichen Verhältnisse im Inneren, die Selbstbestimmung, die man besser nicht mit dem Attribut

»national« versieht. Permanente Existenzbedrohung und dauernde kriegerische Alarmiertheit setzen der Freiheit selbst in wohlbefestigten Demokratien fühlbare Grenzen: Das heutige Israel mit seinen Mauern, Grenzkontrollen, gesicherten Wohngebieten, mit seinen zurückgesetzten arabischen Bürgern und seinen enthemmten Kriegen gegen feindliche Zivilbevölkerungen ist ein tragisches Beispiel.

Der Zusammenhang von innerer Freiheit und äußerem Frieden wurde im Denken der Aufklärung meist umgekehrt verstanden: Eine »republikanische«, also die Gewalten teilende Verfassung war für Kant die Voraussetzung glaubwürdiger Friedensschlüsse und friedlicher Politik; während absolute Monarchien, in denen der Staat und seine Machtmittel Privatbesitz kriegslüsterner, unter Kriegen jedoch persönlich nicht leidender Herrscher war, dem Frieden ebenso abträglich erschienen wie reine, repräsentationslose und daher despotische Demokratien mit ihren tyrannischen Mehrheiten. Das späte 18. Jahrhundert glaubte darüber hinaus an die pazifizierende Wirkung eines Handelsgeistes, bei dem der Wohlstand der Nationen nur im Austausch und für alle gemeinsam gesteigert werden konnte. Kein reiches Land könne unmittelbar neben anderen ärmeren bestehen und reich bleiben, so lauteten Überlegungen, die das merkantilistische Wirtschaftsdenken ablösten. Auch hier wurde eine Parallelität von inneren und äußeren Fortschritten angenommen, in der ausgleichenden Wirkung eines auch kulturell zivilisierenden geselligen Weltverkehrs, dessen sittliche Wirkung bis in die Staatsspitzen ausstrahlen sollte. Mäßigung in Zielen und Mitteln der internationalen Politik, vertragliche Verlässlichkeit, Kabinettsklugheit, am Ende auch eine auf zivile Leiden Rücksicht nehmende, eingehegte Kriegsführung sollten die Folge sein.

Allerdings war die Staatenwelt nicht definitiv rechtlich zu ordnen, weil weder eine zwangsläufig erstickende Universalmonarchie, gar ein Weltstaat, noch die komplette Absonderung staatlicher Einheiten voneinander möglich oder auch nur wünschenswert erschienen; doch immerhin glaubten viele an die zivilisatorische Milderung des aus der Welt nie ganz zu verbannenden, im übrigen sekundäre Tugenden wie Erfindungsgeist, Kraftentfaltung und Vaterlandsliebe befördernden, am Ende die wettstreitenden Gesellschaften einander sogar annähernden Krieges. Im skeptischen Denken der spätesten Aufklärung erwies sich der Krieg sogar als notwendiger Naturrand der menschlichen Zivilisation, die sich auf allen übrigen Feldern der Natur entrungen hatte; ganz ohne Krieg gäbe es keinen Frieden.

Selbst ein oberster Gerichtshof über den Staaten – ein Völkerrechtsregime, wie es unsere Gegenwart anstrebt – müsste seine Schiedssprüche mit Gewaltmitteln, also Polizeikriegen, durchsetzen; ebenso wie es keinen ganz gewaltfreien Staat geben kann – der Staat monopolisiert nur die Gewalt –, ist auch keine vollkommen kriegslose internationale

Ordnung denkbar. So hat es der Kant-Schüler Friedrich von Gentz in seinem Traktat »Über den ewigen Frieden«, der dessen Unmöglichkeit bei aller Wünschbarkeit nachwies, im Jahre 1800 dargelegt. Gentz war es auch, der tiefer als jeder seiner Vorläufer und Zeitgenossen über die Wechselwirkungen zwischen den inneren Verhältnisse der Staaten und dem Zustand der internationalen Politik nachdachte. Den Gedankenstoff zu dieser bis heute nicht überholten Reflexion bot selbstverständlich die Französische Revolution. Unter ihrem Eindruck verschmolz Gentz die systematischen Gedanken Kants zum Ewigen Frieden mit Motiven von Edmund Burkes historisch-anthropologischer Kritik an der Revolution zu einem außenpolitischen Konzept der Europäischen Freiheit; dieses Gedankenamalgam hat Gentz dann unter dem Eindruck der katastrophischen napoleonischen Erfahrung so zugespitzt, dass es in etlichen Zügen selbst in der von Totalitarismen, Terrorismen und neuen Religionskriegsgefahren gezeichneten Situation unserer Gegenwart noch anregend wirkt. Denn die Frage, was Freiheit als Zustand, als Ziel und als Motiv internationaler Politik überhaupt heißen könne, stellte sich zwar jeder Generation seit 1789 neu, aber doch so, dass auf die vergangenen Erfahrungen seit der Sattelzeit bis heute nicht verzichtet werden kann.[1]

---

[1] Dieser Essay bezieht sich auf folgende Schriften von Burke und Gentz: Edmund Burke/Friedrich Gentz, Über die Franzö-

Die Revolution in Frankreich war nicht nur angetreten, Freiheit und Menschenrechte im Inneren zu verwirklichen; sie nahm auch den aufklärerischen Gedanken, dass Republiken friedliebend seien, wörtlich und versprach der Welt in einem Beschluss der Nationalversammlung am 22. Mai 1790 in aller Form den Verzicht auf Eroberungskriege. Und doch mündete die Revolution schon im Frühjahr 1792 in einen Krieg, der dreiundzwanzig Jahre dauern sollte, dessen Schauplätze zunächst Deutschland und Oberitalien waren und der sich am Ende bis in die riesenhaften Diagonalen von Ägypten, Spanien und Russland ausdehnte. Schon in den neunziger Jahren begann man von einem »Weltkrieg« zu sprechen; Gentz gebraucht den Begriff in seiner Friedensschrift von 1800.

Die Menschenverluste waren so gewaltig, dass sie umgerechnet auf die damaligen Bevölkerungszahlen bereits die Dimensionen des Ersten Weltkriegs erreichten. Allein in Russland kamen 1812

---

sische Revolution. Betrachtungen und Abhandlungen, Berlin 1991. Gentz' Schrift zum Ewigen Frieden (1800) ist am leichtesten greifbar in Kurt von Raumer, Ewiger Friede. Friedensrufe und Friedenspläne seit der Renaissance, Freiburg 1953. Die späteren Schriften von Gentz gegen die Revolution und Napoleon wurden seither nicht mehr zusammenhängend ediert, man muss auf die Urausgaben beziehungsweise fotomechanische Nachdrucke zurückgreifen: Ueber den Ursprung und Charakter des Krieges gegen die Französische Revoluzion (1801) und Fragmente aus der neusten Geschichte des Politischen Gleichgewichts in Europa (1806).

über achthunderttausend Soldaten um; und allein in der Schlacht von Leipzig ein Jahr später noch einmal mehr als hunderttausend. Die Verbreitung der liberalen Einrichtungen der Revolution aus Frankreich nach Europa, Hegel zufolge die Funktion des welthistorischen Individuums Napoleon, kostete vor allem gegen Ende auch Hunderttausende durch verheerende kriegsbedingte Seuchen das Leben.

Zwischen dem Dreißigjährigen Krieg und der Epoche der Weltkriege im 20. Jahrhundert musste Europa zu keiner Zeit fürchterlicher bluten als während der Kriege von Revolution und Napoleon. Sonderbarerweise aber haben Europa und selbst Deutschland das heute weitgehend vergessen; der *Eroica*-Glanz Napoleons und eine beispiellose deutsche Geistesblüte überstrahlen für die Nachwelt oft einen bitteren und mühseligen Kriegsalltag, der sich eher in niederen Quellengattungen wie Kirchenbüchern und Tageszeitungen zeigt.[2] Dass der elegante, unaufdringliche Möbelstil der Epoche von Empire und Biedermeier an der bürgerlichen Basis eine Gestalt der materiellen Verarmung anzeigt, dafür haben wir den Sinn verloren. Zu diesem Vergessen mag beigetragen haben, dass der eindrucksvollste literarische Niederschlag dieser Erfahrungen, Tolstois »Krieg und Frieden«, auf

---

2 Vgl. Ute Planert, Der Mythos vom Befreiungskrieg 1792–1841, Paderborn 2007.

russischem Boden spielt, den westlichen Leser also exotisch anmutet, während die französischen Nachkriegsautoren Stendhal und Balzac ganz von Napoleon geblendet sind.

An den Eskalationen trugen nun die Revolution und ihre Generale, nicht einmal Napoleon, keineswegs allein die Schuld, sondern auch die unberatenen Regierungen des Alten Europa. Selten wurde vor den dreißiger Jahren des 20. Jahrhunderts auf eine neue, existentielle Herausforderung so kopflos reagiert wie vor allem in Wien und Berlin um 1800; dazu kamen die tatsächlich unhaltbaren staatlichen Strukturen auf dem Gebiet des Alten Reichs, die jede Reaktion lähmten. Trotzdem war für den Zeitdiagnostiker und Geschichtstheoretiker Friedrich von Gentz klar, dass die Quelle der neuen, unerhörten Totalisierung des Krieges um 1800 bei der Revolution in Frankreich lag, bei der Neuartigkeit der von ihr hervorgebrachten Regime, die ganz neue Möglichkeiten und Formen der Kriegsführung eröffnete. Die heutige Unbekanntheit dieser Diagnosen – trotz Golo Manns literarisch glanzvollem, systematisch allerdings rhapsodischem Versuch, die Figur Gentz durch eine Biographie wiederzubeleben – gehört zur allgemeinen Amnesie der Kriegserfahrungen um 1800.

Die flammendste Darstellung dessen, was er unter Europäischer Freiheit und ihren Voraussetzungen verstand, lieferte Gentz in seiner auch von Goethe bewunderten Schrift »Fragmente aus der neusten Geschichte des Politischen Gleichgewichts in Europa«. Sie erschien in dem angespannten Intervall zwischen den Schlachten von Austerlitz und Jena, im Moment der Liquidation des Heiligen Römischen Reichs deutscher Nation. Das erklärt ihren erhitzten Tonfall, der allerdings bemerkenswert frei von nationalen Anwandlungen bleibt. Gentz beklagt die »Unterdrückung Europa's«, das »Hinsinken seiner alten Verfassungen«, und unter dieser »alten herrlichen Verfassung von Europa« versteht er das »Föderativ-System, was die Nazionen dieses Erdtheils, zugleich so kunstreich geschieden, und so ruhmvoll vereiniget hatte« und das nun ins Grab einer gemeinsamen Knechtschaft sinke, in einer ungeheuren Monarchie, wo alles verwischt und vermengt wird, historisch gewachsene Verfassungen, Gesetze, Urkunden und Grenzscheidungen, und wo sogar die Möglichkeit einer individuellen Existenz zu verschwinden drohe, im Schlund einer neuen Universalherrschaft mit »alles-verwüstendem, alles-vergiftendem« Charakter.

Das griff, nur rhetorisch übersteigert, immer noch einen Gedanken Kants aus dessen Schrift »Zum ewigen Frieden« auf, wo es heißt, dass die Idee des Völkerrechts die Absonderung vieler voneinander unabhängiger Staaten voraussetze; dieser Zustand sei besser als »die Zusammenschmelzung derselben durch eine die andere überwachsende und in eine Universalmonarchie übergehende Macht«, denn diese führe entweder in »seelenlosen Despotism«

oder bei Ineffektivität in die Anarchie. Das war 1795 geschrieben, Jahre bevor sich mit dem Aufstieg Bonapartes die Frage auch praktisch stellte. Kant griff dabei immer noch auf die humanistische Kritik am Römischen Reich zurück, deren solide Tradition von Leonardo Bruni im frühen 15. Jahrhundert bis zu Johannes von Müller um 1800 reicht. Umso dringlicher wurde die Alternative von Gentz in der Krise von 1806 wiederholt.

Das »europäische Föderativ-System«, wie Gentz es dieser langen Tradition folgend nannte, also die gleichberechtigte Koordinierung des Geschiedenen zu einer höheren Einheit, beruhte auf der Idee des Gleichgewichts. Dieses verlangte nicht gleiche Macht für alle Mitspieler, sondern Gleichheit an Rechten für alle, Große wie Kleine, in einem System, das nicht durch zentrale Sanktionen, sondern durch wechselseitige Verträge gesichert wird. Es soll gerade auch Kleinstaaten und Republiken vor dem Zugriff der Großmächte schützen. Entscheidend für sein Funktionieren ist, dass keine einzelne Macht stärker als alle übrigen zusammengenommen wird; es muss immer eine Mehrheit möglich sein, die den Griff nach der Hegemonie zu unterbinden imstande ist. Keine einzelne Macht soll so groß werden, dass sie allein Europa die Gesetze vorschreiben und andere, geringere Mächte ihres politischen Daseins berauben könnte. Schon die Furcht vor gemeinschaftlichen Sanktionen sollte im Idealfall genügen, einen solchen hegemonialen Aggressor abzuschrecken.

Die Europäische Freiheit besteht also ganz äußerlich zunächst darin, dass bei allen Umstürzen, Religionskriegen, Machtschwankungen seit dem 16. Jahrhundert »auch nicht ein unabhängiger Staat durch gewaltsame Mittel vernichtet werden konnte«. Die Liste, die Gentz an dieser Stelle einschaltet, lässt verstehen, dass »Freiheit« hier kein formaler Begriff bleibt: Sie enthält unter anderen die Schweiz, Holland, Genf, Venedig, Genua, die deutschen Reichsstädte, also gerade die kleinen, eigensinnigen Blütestätten von Kultur und Geistesfreiheit, ohne die das neuzeitliche Europa nicht zu denken ist. Damit revidierte Gentz unter dem Eindruck der napoleonischen Einebnung ganzer Geschichtslandschaften sogar eine Position aus seinem Traktat zum Ewigen Frieden, wo er die Reduktion der Anzahl von Staaten in Europa noch für wünschenswert und friedensförderlich eingeschätzt hatte und die Einheit des Kontinents am besten bei den »beträchtlichen Staatskörpern« der sechs europäischen Hauptmächte Frankreich, Spanien, Österreich, Preußen, Russland und England sah. Ja, er verspottete sogar jene Apotheose des Kleinstaats aus kulturellen Motiven, wie sie der Osnabrücker Historiker Justus Möser, mit bedeutender Wirkung auf Goethe, vorgetragen hatte, und verwies darauf, dass die moderne Zivilisation große Flächenstaaten benötige; 1806 aber sah Gentz, ganz im Geiste Edmund Burkes, mit dem Untergang der vielen europäischen Kleinstaaten ebenso viele historische Lebensformen sterben.

Übrigens ist diese Idee des Gleichgewichts durchaus unpazifistisch, weil sie Kriege zwar am liebsten vermieden sähe, aber nicht grundsätzlich ausschließt; das System des Gleichgewichts ließe sich geradezu als latent gehaltener Kriegszustand beschreiben und bliebe damit der Kantischen Idee vom heilsamen Wettstreit der Nationen verpflichtet.

Gentz musste allerdings einräumen, dass der erste Sündenfall gegen das grundsätzliche Existenzrecht der Staaten schon längst vor der Französischen Revolution und ihrem hegemonialen Vollstrecker Napoleon stattgefunden hatte, nämlich in den Teilungen Polens seit 1772, die er aufs schärfste verdammte. Dieses Beispiel eines Einverständnisses von drei Großmächten gegen einen schwächeren Staat zeigte, dass das Gleichgewichts- oder Föderativsystem auf sittlichen Voraussetzungen beruhte, die im späten Ancien Régime bei den Regierenden schon fraglich geworden waren; wo ein ganzer Staat von der Landkarte verschwinden konnte, durften sich nur noch die wenigsten völlig sicher fühlen. Recht besehen hätte Gentz hier schon beim schlesischen Raub Friedrichs des Großen beginnen können und fortfahren müssen bei den hartnäckigen Versuchen von dessen gelehrigem Schüler Kaiser Joseph II., sich das Kurfürstentum Bayern einzuverleiben. Wer von Napoleon reden wollte, durfte vom aufgeklärten Absolutismus, der kein altes Recht mehr gelten lassen wollte, nicht schweigen. Doch gerade in seiner Verurteilung des unseligen

»Teilungs-Systems« am polnischen Beispiel bekräftigte Gentz den Hauptgrundsatz der Europäischen Freiheit: Kein Staat, ob groß oder klein, darf in seiner Existenz bedroht werden.

Dieses grundsätzliche Existenzrecht konstruierte Gentz in einem Buch von 1801, das »Ursprung und Charakter des Krieges gegen die Französische Revoluzion« – also die Koalitionskriege seit 1792 – behandelte nach der Analogie des Eigentumsrechts in der bürgerlichen Gesellschaft. Denn die Garantie des Eigentums ist ihm wie allen bürgerlichen Theoretikern der Epoche die Grundlage aller Rechts- und Vertragssicherheit überhaupt; sie ist der Kernartikel des ursprünglichen Gesellschaftsvertrags, der das Recht des Stärkeren, sich nach Gelegenheit zu bedienen, ausschließt. In klassisch liberaler Manier wird das Eigentumsrecht als Eckstein und Voraussetzung von individueller Freiheit überhaupt begriffen.

Doch hält Gentz an dieser Stelle seiner Argumentation fest, dass das Eigentumsrecht in der Staatenwelt ebenso wenig bedingungslos und uneingeschränkt gelten kann wie in der bürgerlichen Gesellschaft. Er findet dafür das prägnante Beispiel eines Hausbesitzers, der sein Gebäude anzündet und damit die gesamte Nachbarschaft in Gefahr bringt. Mit dieser grundlegenden Gedankenoperation von 1801, die dann für Gentz' gesamte spätere Publizistik gegen den napoleonischen Gewaltstaat entscheidend wurde, legitimierte er den europäischen Verteidigungskrieg gegen das revolutionäre Frankreich nicht mehr allein aus den antihegemonialen Motiven der klassischen Staatenpolitik. Er fügte eine neue Begründung hinzu: Es gebe unter bestimmten Bedingungen für die Staatengemeinschaft auch ein Interventionsrecht in die inneren Angelegenheiten eines anderen Staates, und zwar dann, wenn dessen innere Verfassung zu einer Gefahr für alle anderen wird.

Das ist der logische Ort, an dem die grundsätzliche Kritik, die Edmund Burke in seinen »Betrachtungen über die Französische Revolution« an ihrem totalitären Charakter vorgetragen hatte, zu einem Argument der internationalen Politik wird. Dass Gentz Burkes geniale Schrift mit ihren vielen präzise eintreffenden Prognosen in- und auswendig kannte, versteht sich von selbst; er hatte Burkes gewaltig donnernden Traktat in die »schönfließende, vergoldete Sprache von Schillers ›Dreißigjährigem Krieg‹« übertragen, wie Golo Mann pointiert, und ihn bei dieser Gelegenheit mit allerlei Zusätzen und Anhängen versehen. Burke stellte die alteuropäische, vor allem englische Gestalt der Freiheit, die auf Lebensformen und Institutionen, Überlieferungen und alten Rechten beruht, also durch Geschichte und Praxis gesichert ist, der auf den Flugsand von Meinungen gesetzten, doktrinären, von Philosophen, Advokaten und Finanzspekulanten in hochtönenden Deklarationen von heute auf morgen eingeführten revolutionären Freiheit entgegen.

Mit einer Hellsicht, die nach den Erfahrungen des 20. Jahrhunderts noch prophetischer wirkt als schon um 1800, erkannte Burke bereits im Jahre 1790 das totalitäre Potential dieser vom Massenfuror vorangetriebenen Philosophenrevolution, die Frankreich zu einer ebenen Fläche planiere, den Mord als Mittel der Politik rechtfertige und gewiss bald zum Staatszweck erheben werde. Mit Abscheu sprach Burke von den Intellektuellen, denen die Freiheit nur dann etwas gelte, wenn sie mit Verschwörungen, Blutbädern und Meuchelmord erreicht werde anstatt durch schrittweise Reformen. Früh erkannte er in ihrem menschheitsbeglückenden Anspruch das expansive, den ganzen Kontinent bedrohende Potential der Revolution und die Gefahr der Militärdespotie, in die sie münden könnte. Denn die Revolution habe mit der Abschaffung der historischen ständischen und landschaftlichen Rechte auch alle überkommenen Machthemmungen für eine künftige Zentralgewalt abgeschafft. »Und wenn über kurz oder lang die monarchische Regierung wieder das Übergewicht in Frankreich bekommt, so muss sie, es sei denn, dass der freiwillige Entschluss eines weisen und tugendhaften Fürsten das Übel milderte, die uneingeschränkteste Despotenherrschaft werden, die noch jemals auf dem Erdboden erschienen ist.« »Eine Bemerkung voll großen Scharfsinns und von der alleräußersten Wichtigkeit!« setzte der Übersetzer Gentz an dieser Stelle in einer Fußnote eigens hinzu. Dass der Charakter dieser kommenden Despotie militärisch sein werde, war bei Burke ebenso zu lesen wie die düstere Ankündigung: »Es wird Blut fließen.«

Als Gentz ein Jahrzehnt nach diesen Weissagungen den Krieg gegen die Revolution rechtfertigte, musste er sie nur mit den seither gemachten realen Erfahrungen anreichern, um das, was sich seit 1789 im französischen Haus abspielte, als europäische Gefahr darzustellen. Denn in einer zivilisatorisch homogenen Staatengesellschaft wie der europäischen existiere man längst nicht mehr nur neben-, sondern auch miteinander. Daher kann es den Nachbarn eines sich revolutionierenden Landes auch nicht gleichgültig sein, wenn dort die Umkehrung aller rechtlichen Verhältnisse »zur Maxime« erhoben werde. Das ist die prinzipielle Überlegung, die Gentz mit empirischen Fakten aus der Revolutionsgeschichte anreichert; dazu zählen nicht nur anarchische innere Zustände, die Vernichtung der individuellen Freiheit zugunsten von Kollektivrechten, die absichtsvolle Inflationierung des Staatsdefizits durch Papiergeld, sondern auch der völkerrechtliche Tatbestand, dass das französische Volk erklärte, sich nicht mehr um die Verträge zu kümmern, »die von seinen ehemaligen Despoten geschlossen worden waren«. Damit wurde der revolutionäre Bruch der Legalität auch auf die äußeren Beziehungen ausgedehnt.

Die Schrift von 1801 entfaltet darüber hinaus zwei weitere, für Gentz entscheidende Gesichtspunkte: die ungeheure Steigerung der militärischen

Machtmittel durch die revolutionäre Planierung der französischen Gesellschaft, überhaupt ihr – auch der inneren Stabilisierung dienender – Militarismus, der sie den spätabsolutistischen Staaten mit ihren Kabinettsarmeen so überlegen macht; dazu kommt die Androhung von Freiheitskriegen nach außen, die schon der girondistische Abgeordnete Brissot vorgetragen hatte, als er erklärte, Frankreich werde die Sturmglocke läuten, bei der alle Völker erwachen: »Es eröffnet sich der Kreuzzug der allgemeinen Freiheit.« Damit hatte Frankreich seinen Nachbarn nicht mehr einen Krieg alter Art erklärt, sondern auch zum inneren Bürgerkrieg aufgerufen. So verlangte der Abgeordnete Louvet schon vor der Zeit des Terrors, wie Gentz hervorhob, »daß jeder Bürger-Soldat in diesem geheiligten Kriege eine Patronentasche voll Kugeln für die Herren und einen Sack voll kleiner Freiheitsschriften für ihre Unterthanen bei sich führen möge«.

Spätestens mit solchen das Völkerrecht aufkündigenden Schritten und solchen Bürgerkriegsdrohungen hatte das revolutionäre Frankreich für Gentz das Recht überschritten, seine inneren Angelegenheiten ohne äußere Einmischungen neu zu ordnen. Nun greife der einzige legitime Grund für einen Interventionskrieg der europäischen Staatengemeinschaft, nämlich die gemeinsame Sicherheit. Dabei aber verlange es »das allgemeine Interesse von Europa« durchaus, zwischen Frankreich und seinem aktuellen Regime zu unterscheiden. Man müsse Frankreich für unverletzlich erklären und dürfe von ihm auch keine Kriegsentschädigungen verlangen. So hat Gentz bereits in der bedrohlichen Lage vor dem Lunéviller Frieden, als die französischen Grenzen schon bis zum Rhein vorgerückt waren, prinzipielle Kriterien für Völkerrechtsinterventionen skizziert: Sie sollten streng an gemeineuropäische Sicherheitsbedürfnisse, an das gemeinsame Interesse an einem verbindlichen Völkerrecht geknüpft sein und zwischen dem Land und seinem revolutionären Regime unterscheiden – schließlich werde Frankreich als Großmacht für das Funktionieren des europäischen Gleichgewichtssystems auch künftig noch gebraucht. Damit hat Gentz ein Jahrzehnt vor der napoleonischen Niederlage die Prinzipien der Wiener Friedensordnung von 1814/15 entworfen, in der Metternich, nicht zuletzt unter dem Einfluss von Gentz und gegen den Widerstand des besonders geschundenen Preußen, dem besiegten Frankreich beispiellos milde Friedensbedingungen verschaffte.

Im Jahre 1801 hatte im Rückblick auf das erste Jahrzehnt der Revolutionskriege noch der revolutionäre, die gemeinsame Legalität Europas bedrohende Charakter des neuen Frankreich für Gentz im Mittelpunkt der Überlegungen gestanden. 1806, nach der Etablierung des Empire, dem Sieg über Österreich und Russland, unter der Drohung gegen das nördliche Deutschland, spitzte Gentz seinen Kriterienkatalog für Interventionen zur Sicherung der Europäischen Freiheit der neuen Lage entsprechend noch einmal zu. Noch immer hielt er daran fest, dass der Zusammenbruch der inneren Ordnung eines Akteurs im europäischen System – also das, was wir heute mit dem Begriff des *failing state* bezeichnen – ein Grund zum Eingreifen sein könne, teils aus humanitären Gründen, aber auch um einen wichtigen Akteur im Mächtesystem nicht ausfallen zu lassen. Doch im Mittelpunkt der Überlegungen stand in seinen »Fragmenten« nun eine Analyse von Napoleons Herrschaftssystem. Aus drei Gründen hielt Gentz es für eine gemeineuropäische Gefahr, der man mit allen Mitteln begegnen müsse: wegen der Unumschränktheit seiner Regierung, wegen seines militärischen Charakters und wegen der Verwendung revolutionärer Mittel gegen die Kriegsgegner. Dieses letzte Argument wiederholte Gesichtspunkte von 1801, die Androhung innerer Umstürze, mit denen auch die napoleonischen Armeen noch gegen ihre Feinde operierten.

Entscheidend ist die an Burke geschulte, aber über ihn weit hinausgehende Darstellung der napoleonischen Militärdiktatur. Ohne Zwischengewalten wie Stände, Adel und Geistlichkeit, ohne traditionale Einschränkungen regiere Napoleon unumschränkter als jeder legitime Monarch Europas: »Der jetzige Regent dieses Landes streckt seinen gefürchteten Zepter über eine unermeßliche Ebene aus, wo ihm nirgends Höhen oder Tiefen, kein Hügel, kein Erdwall, nicht die kleinste Umzäunung begegnet, die ihn aufhalten oder ablenken könnte.« Nicht nur charakterliche Hemmungslosigkeit kennzeichnet Napoleons Herrschaft also, sondern auch strukturelle Unumschränktheit. Dazu kommt der Umstand, dass der französische Herrscher ein General ist. Sein Regime steht und fällt also mit dem militärischen Ruhm: »So enge, so vielfältig, so unzertrennlich ist keine andere Regierung in Europa mit dem Militär-Interesse verwachsen.« Daraus folgt aber die entscheidende Eigenschaft, die das napoleonische Frankreich für die europäische Staatengesellschaft auf Dauer inakzeptabel macht: seine strukturell begründete Friedensunfähigkeit.

Napoleon ist der Diktator, der nicht Halt machen wird, das ist die Diagnose, mit der Gentz den Verlauf der zehn Jahre bis Waterloo vorwegnahm. Während Goethe hoffte, dass, wer alles wollen könne, am Ende auch den Frieden wolle, sah Gentz, dass ein Regime wie das napoleonische den Frieden nicht einmal wollen kann. Und getreu dieser Prophezeiung hat Napoleon ja auch keine der goldenen Brücken, die ihm vor allem Metternich 1813 und selbst 1814 noch gebaut hat, betreten wollen. Sein Regime war auf totalen Sieg oder aber Untergang gerichtet und darum, wie Gentz sich noch in den bittersten Stunden der Niederlage gewiss war, nicht auf Dauer zu stabilisieren. So musste auch Goethe sich selbst korrigieren und 1815 mit einer schopenhauerisch anmutenden Wendung einsehen: »Den Frieden kann das Wollen nicht bereiten.«

Die Literaturwissenschaft hat gelegentlich gefragt, ob Goethe, der lebenslange Feind der Französischen Revolution, Edmund Burke gelesen habe. Das ist gewiss nicht ausgeschlossen, aber konkret nicht nachweisbar. Doch wir wissen, dass er die »Fragmente aus der neusten Geschichte des Politischen Gleichgewichts in Europa« gleich nach ihrem Erscheinen studiert hat. Dort bezeichnet Gentz das napoleonische Frankreich als »ausgerodete Fläche, aus der nur noch ein einziger Stamm, nur ein einziger allmächtiger Arm, nur ein einziger Nahme hervorragt«. Das gärtnerische Bild aber stammt von Edmund Burke, der in seinen »Betrachtungen« von den französischen Baumeistern spricht, die alles, »was sie vorfanden, als Unrat und Müll ausgefegt hatten, und sich anschickten, ihre neue Schöpfung in der Manier ihrer Kunstgärtner auf einer vollkommen ebenen Fläche erstehen zu lassen«.

Zwei Jahre nach seiner Gentz-Lektüre machte Goethe sich an die Abfassung der »Wahlverwandtschaften«. Dort wird ein Friedhof eingeebnet, um einer nutzbringenden Kleewiese Platz zu machen, die aber zugleich den antiken Hades auf dem vom Christentum bereinigten Terrain wiederherstellt. Außerdem werden die Gewässer so zusammengelegt, dass der kleine See entsteht, in dem das im Ehebruch aus Liebe erzeugte Kind Otto ertrinkt. Goethes Roman war es, der Walter Benjamin den dann von Adorno und Horkheimer ausgestalteten Gedanken der »Dialektik der Aufklärung« eingab:

der Umschlag von Aufklärung in Mythos. Das bildliche Symbol dazu könnte Goethe der erschrockenen Beschreibung entnommen haben, die Friedrich von Gentz auf den Spuren von Edmund Burke dem ersten Vorschein totalitärer Herrschaft in der neueren Geschichte gewidmet hat.

Die Einheit von Herrschaft, Territorium und Bevölkerung, die Burke 1790 als das entscheidende verderbliche Prinzip der Revolution erkannt hatte, wurde im Verlauf des 19. und 20. Jahrhunderts zur weltweit akzeptierten Grundlage des Völkerrechts. Eine Zeitlang versuchte man, ihm mit Bevölkerungstransfers bis hin zu ethnischen Säuberungen gerecht zu werden. Dass dieses Prinzip aber zu einem Jahrhundert der Kriege führen müsse, das hat der habsburgische Staatsmann Metternich, der mächtigste Schüler des Friedrich von Gentz, lange vor den Katastrophen des 20. Jahrhunderts vorhergesagt.[3] Will man den gar nicht konservativen Sinn der Europäischen Freiheit, die im Widerspruch zur Französischen Revolution formuliert wurde, in einen Satz bringen, dann in diesen: Sie kann mit Unterschieden leben.

---

3 Vgl. Wolfram Siemann, Metternich. Staatsmann zwischen Restauration und Moderne, München 2010.

Im Land des Ungehorsams

Fahrt zu den Schauplätzen von
Theodor Fontanes Roman »Vor dem Sturm«

EINS der sublimen Vergnügen, die die Literatur bereithält, ist das Wiedersehen mit ihren Schauplätzen. Wer einen Landstrich betritt, den er aus einem Buch schon kennt, der macht eine Erfahrung wie die in eine Höhle gefesselten Sklaven bei Platon, welche die Dinge nur als Schatten an der Wand kannten, und dann befreit an die Sonne und in die greifbare Wirklichkeit treten. Es ist der Schritt von der Erinnerung in die Gegenwart, und je reiner das Gefühl sagt »hier bist du schon einmal gewesen«, je stärker also die Kraft des Buches war, umso größer ist die Verzauberung.

Solche magischen Erlebnisse sind in Deutschland heute fast unmöglich geworden, nicht weil es unserer Literatur an guten Landschaftern fehlte, sondern weil das Land sich fast überall durch Siedelung, Verkehr und Vernutzung so verändert hat, dass das Wiedererkennen eine schmerzhafte Übung wäre. Im Oderland aber zwischen Frankfurt, Seelow und Küstrin, in dem Gebiet, in dem Theodor Fontane seinen ersten und umfangreichsten Roman »Vor dem Sturm« (1876) spielen lässt, sind sie noch möglich.

Wer kann, sollte diese gut 35 Quadratkilometer mit dem Fahrrad durchstreifen. Denn das Rad ähnelt mit seiner Geschwindigkeit – etwa 20 Kilometer in der Stunde – und durch den Kontakt mit der frischen Luft, in den es seinen Fahrer bringt, den Fortbewegungsmitteln, die Fontane für die Zeit seiner Romanhandlung am Jahreswechsel 1812/13 detailfreudig beschreibt: Kutsche, Schlitten und Pferd. Dass »Vor dem Sturm« im Winter, in den Wochen nach Weihnachten spielt, erhöht als Differenz den Reiz: Wer in diesem Hochsommer am Oder-Deich nördlich von Lebus Richtung Reitwein fuhr, um dann durch das Oderbruch auf die Seelower Höhen nach Friedersdorf zu gelangen, dem bescherten ein glühender Himmel mit den typischen zarten Ostseewölkchen, goldene abgemähte Felder und tiefgrüne Waldstriche ein Steigerungserlebnis eigener Art.

Alles aus »Vor dem Sturm« war wiederzufinden – etwa die schnurgerade auf die Oder zulaufende Allee, in deren Schutz die diebische Zwergin Hoppenmarieken unterm fahlen Mondlicht ihre Beute nach Hause schleppt. Einen ungepflasterten Fahrweg im Landinneren zwischen Lebus und Reitwein, vorbei am Flecken Klessin, bezeichnen fürsorgliche Radkarten als unkomfortabel. Aber das bisschen grundloser Sand, in dem auch breite Reifen gelegentlich zur Seite schlittern, nimmt man gern in Kauf für tiefe Waldeinsamkeit und die Gewissheit: Genauso muss der Weg gewesen sein, als Fontanes Held Bernd von Vitzewitz zusammen mit General

Bamme im Januar 1813 eine Handvoll Freischärler vom Landsturm seines Gutes Hohen-Vietz nach Frankfurt an der Oder führte, wo er die französisch-napoleonische Besatzung mit einem Handstreich gefangen setzen wollte.

Wo liegt »Hohen-Vietz«? Ältere Fontane-Kommentare sagen, es handle sich bei diesem im Roman mit messtischblatthafter Genauigkeit entworfenen Dorf um Friedersdorf, auf der Anhöhe fünf Kilometer südlich von Seelow, von wo aus man über die Ebene des Bruchs bis zur Oder nach Küstrin und Polen blickt. Und wer die Dorfkirche betritt, erlebt tatsächlich noch einmal ein allerschönstes Wiedererkennen. Alles ist da: die reformatorische Holzkanzel über dem Altar, der barock geschnitzte Baldachin für die Gutsherrschaft und, auf der anderen Seite, ein dramatisch bewegtes, ebenfalls barockes Wandgrabmal mit reich verzierter Inschrift und schönen Porträts. Hier feiern die Gutsherren und Dorfleute im Roman ihr Weihnachten 1812, hier werden ein junges Mädchen und ihr adeliger Verehrer aus Versehen eingeschlossen und verbringen eine bedenkliche Stunde nahe bei Gruft und Kreuz.

»Vor dem Sturm« war nie ein besonders hochgeschätztes Werk Fontanes. Schon Zeitgenossen rügten, es führe umständlich Figuren ein, die später keine Rolle mehr spielten. Aber die romantechnische Lässigkeit kommt der historiographischen Glaubwürdigkeit zugute. Geschichte ist nie komponiert, historische Berichte geraten leicht zum

Gruppenbild. Und die Welt, die »Vor dem Sturm« entwirft, hat nicht nur landschaftliche Urbilder. In seiner Hauptfigur Bernd von Vitzewitz hat Fontane seinem Lieblingspreußen ein Denkmal gesetzt: Friedlich Ludwig August von der Marwitz (1777–1837), dem Gutsherren von Friedersdorf. Wer hierzu das Nähere wissen will, findet Auskunft in Fontanes »Wanderungen durch die Mark Brandenburg«, im Kapitel über Friedersdorf.

In den Junker Marwitz hat Fontane sich verliebt, weil dieser ein so großartiger Schriftsteller ist. Marwitz' »Nachrichten aus meinem Leben« müssen den Vergleich mit Bismarcks »Gedanken und Erinnerungen« stilistisch nicht scheuen, sie haben diesen außerdem den Vorzug der Wahrhaftigkeit voraus. Marwitz beschreibt den Untergang des alten, friderizianischen Preußen unter den Schlägen der Französischen Revolution, zuletzt Napoleons. Er war ein Gegner der preußischen Reformer, weil diese, wie er fand, die alten Vertragsverhältnisse zwischen dem König und seinen adeligen Gefolgsleuten aufhoben. Für seine Rechtsauffassung nahm Marwitz 1811 eine mehrmonatige Festungshaft in Spandau auf sich. Damit und durch seine ausgefeilten ständischen Protestschreiben, sei er, so Fontane, zum Vater des politischen Meinungskampfes in Preußen geworden; und das sei, trotz der konservativen Ansichten, für die er eintrat, etwas Neues. Denn früher habe es immer nur eine Opposition des Rechts oder der Selbstsucht gegeben, nun aber sei es erstmals zu einem »Ideenkampf auf politischem Gebiete« gekommen. Aus ständischer Überzeugung wurde Ludwig von der Marwitz zum Begründer einer modernen politischen Richtung: des nachrevolutionären, durchräsonierten Konservatismus.

Der Oppositionsgeist, der Fontane faszinierte, ist Stein geworden in einer Friedersdorfer Grabschrift, die so oft zitiert wurde – zum Beispiel von den Bundespräsidenten Heuss und Weizsäcker –, dass auch Bürger sie kennen, die keine Seite Fontane oder gar Marwitz gelesen haben. Die Grabschrift formulierte Ludwig von der Marwitz für einen Vorfahren, der während des Siebenjährigen Krieges einen Befehl Friedrichs des Großen verweigerte. Fontane erzählt in den »Wanderungen« die Geschichte so: »Der König hatte nicht vergessen, daß es sächsische Truppen gewesen waren, die das Jahr vorher Schloß Charlottenburg geplündert hatten, und voll Begier nach Revanche gab er beim Einrücken in Sachsen sofort Befehl, Schloß Hubertusburg als Repressalie zu zerstören; das Mobiliar des Schlosses sollte dem plündernden Offizier zufallen. Der Befehl zur Ausführung traf unsern Marwitz, der damals Oberst war. Dieser schüttelte den Kopf. Nach einigen Tagen fragte ihn der König bei Tisch, ob Schloß Hubertusburg ausgeplündert sei? ›Nein‹, erwiderte der Oberst. Eine andere halbe Woche verging und der König wiederholte seine Frage, worauf dieselbe lakonische Antwort erfolgte. ›Warum nicht?‹ fuhr der König auf. ›Weil sich dieß allenfalls für Offiziere eines Freibataillons schicken würde, nicht aber für den Commandeur von Seiner Majestät Gendarmes.‹«

Kurz darauf nahm er seinen Abschied, der Unwillen des Königs blieb ihm erhalten. Ludwig von der Marwitz, seit 1810 selbst mit dem konfrontiert, was er als königliches Unrecht ansah, setzte diesem Ahnherrn einen neuen Grabstein und schrieb darauf: »Er sah Friedrichs Heldenzeit und kämpfte mit ihm in allen seinen Kriegen. Wählte Ungnade, wo Gehorsam nicht Ehre brachte.« Diese Sätze sind, nachdem sie in der DDR-Zeit halb eingemauert zu verschwinden drohten, in der frisch restaurierten Friedersdorfer Kirche wieder vollständig zu lesen: heute Pilgerziel andächtiger Preußenfreunde. Was Fontane an diesen anekdotischen Überlieferungen faszinierte, war weniger die konservative Stellungnahme – konservativ war er selbst nur vorübergehend – als das Motiv des Ungehorsams. Wer heute den Grabspruch von Marwitz im Munde führt, zieht gern demokratische Nutzanwendungen und spricht vom »zivilen Ungehorsam«. In der kühlen Dämmerluft der Friedersdorfer Kirche mit ihren ernsten Grabbildern beschleicht einen aber der Verdacht, das sei zu harmlos formuliert. Ziviler Ungehorsam ist heute im Zweifelsfall verfassungskonform, er kann sich auf die höhere Rechtsnorm berufen. Was Fontane mit den Marwitzgeschichten erzählt, sind Fälle von Ungehorsam gegen den König. Und das hat eine ganz andere Dramatik, denn der König ist der irdische Vertreter des Rechts; das Verhältnis der adeligen Gefolgsleute zu ihm ist von heiligen Eiden befestigt. Dagegen aus konservativer Ehrenhaftigkeit aufzubegehren – 1760 oder 1811 –, war eine Gewissenstat, die das Wort vom zivilen Ungehorsam eher verdeckt als benennt.

Die Haupthandlung von »Vor dem Sturm« zeigt einen zugespitzten Fall solchen Ungehorsams. Die adeligen Helden, an der Spitze der Marwitz-Wiedergänger Vitzewitz, stellen eine Freischar gegen die Franzosen auf, ohne Erlaubnis des Königs und gegen den Willen des leitenden Ministers Hardenberg, die beide zu diesem Zeitpunkt – Januar 1813 – aus Vorsicht noch am Bündnis mit Napoleon festhalten. Überdeutlich spielt Fontane mit seiner dörflichen Oderlandgeschichte an auf den Vorgang von Tauroggen, wo General York von Wartenburg im spektakulärsten Akt von Ungehorsam, den die preußische Geschichte kennt, mit seinem Armeeteil die Seite wechselte, von den Franzosen zu den Russen.

In Fontanes Roman äußern die Junker allerlei kühne Argumente für ihren selbstherrlichen Schritt: Im Zweifel müsse »das Land« dem König »in dessen Interesse« vorauseilen; denn »das Land« sei älter als der König. Die reaktionärste Figur, der säbelbeinige General Bamme, erklärt gar, der Umstand, dass die Franzosen ihren König um einen Kopf kürzer gemacht hätten, lasse die übrigen Menschen den ihren um ebenso viel höher tragen. Nur: Im Roman geht die Sache dann schief. Der Überfall auf

Frankfurt an der Oder endet in einem Desaster, das sinnlos Tote fordert. Der Ungehorsam stellt sich als Irrweg heraus, allerdings als edler, der einer neuen Zeit vorarbeitet.

Fontanes Hohen-Vietz kann übrigens nicht Friedersdorf sein, obwohl es dessen Kirche hat. Die Verhältnisse, in die »Vor dem Sturm« Hohen-Vietz zu anderen, realen Örtlichkeiten – Küstrin zum Beispiel – rückt, lassen nur den Schluss zu, dass es viel näher an der Oder als Friederdorf liegt, im Schatten der einzigen waldigen Anhöhe des Bruchs, bei dem Dorf Reitwein. Landschaftlich ist das ohnehin einer der schönsten Flecken des ganzen Oderlandes. Solche Phantasiegeographie einer Lokalität, für die man nach Fontanes Angaben sogar eine Landkarte zeichnen könnte, dürfte als subtiler poetologischer Hinweis zu lesen sein: Ich erzähle auch hier eine erfundene Geschichte ganz dicht an der Realität, aber doch genau neben ihr. Wer sich die Freude des wandernden Wiedererkennens bis zu diesem Punkt gemacht hat, dem steckt auch das Nichtwiedererkennen ein Licht auf.

Ende der Reise: Festung Küstrin, heute in Polen. Dort wird der von den Franzosen beim Frankfurt-Überfall gefangen genommene Sohn des »Vor-dem-Sturm«-Helden Vitzewitz in Haft gehalten. Küstrin wurde 1945 schwer zerstört, aber die Wallmauern der Festung an der Oder stehen noch, und neuerdings gibt es dort ein Museum. Fontanes Angaben sind wiederum so genau, dass man die Lage des

Gefängnisses des jungen Vitzewitz mühelos wiedererkennt. Es liegt unmittelbar neben der Stelle, an der am 6. November 1730 Hans Hermann von Katte vor den Augen des Kronzprinzen Friedrich enthauptet wurde, weil er diesem bei der Flucht vor seinem tyrannischen Vater, dem Soldatenkönig Friedrich Wilhelm I., hatte helfen wollen.

Diese schrecklichste aller preußischen Geschichten erzählt Fontane im Küstrin-Kapitel der »Wanderungen«, übrigens mit kleinen gezeichneten Grundrissen, die auch dem Leser von »Vor dem Sturm« und dem heutigen Besucher helfen. Fontane lässt an der Entsetzlichkeit der Todesstrafe für einen bestenfalls leichtfertigen, aber keineswegs verbrecherischen jungen Kavalier, der seinem hohen Freund in schwerer Bedrückung hatte beistehen wollen, keinerlei Zweifel. Die Reue des Jünglings und der Gram des Vaters, die bis zur Ohnmacht gesteigerte Verzweiflung des Kronprinzen, alles wird in diesen großartigen Seiten ergreifend fühlbar. Fontane überschrieb sie mit »Die Katte-Tragödie«.

Die Vitzewitzen müssen ihren Leichtsinn im Roman auf dem Boden büßen, den der grausamste preußische Rechtsakt wider den Ungehorsam mit Blut getränkt hatte. Fontane nämlich billigt die Enthauptung Kattes: Der König, der hier Desertion, Ungehorsam, Intrigieren mit der neuen Sonne sah, sei im Recht gewesen. Zustimmend zitiert die »Katte-Tradödie« am Ende die Mitteilung, die der grausame König dem Hinrichtungsopfer vor der

Vollstreckung noch zukommen lässt: »Dass es seiner Majestät sehr leid täte; es wäre aber besser, dass er – Katte – stürbe, als dass die Justiz aus der Welt käme.« In Wahrheit sympathisiert Fontane, im Roman wie in den »Wanderungen«, mit beiden Seiten: mit der Autorität des Königs und mit den Ungehorsamen. Beide zusammen erst machen das Preußen aus, dem seine erzählerische Anstrengung gilt. Wer heute durchs Oderland reist, durch ein einsames Land im tiefen Frieden voller Spuren verheerender Zerstörungen – viele Kirchen sind ihrer Dächer beraubt, Soldatengräber aus den letzten Kriegswochen 1945 finden sich auf jedem Friedhof –, der erkennt die Erbschaft dieser großen Fragen.

Nur wenige Kilometer vom Richtplatz Kattes entfernt liegt hinter der Kirche von Neuhardenberg heute das Grab Carl-Hans von Hardenbergs, eines der Verschwörer vom 20. Juli 1944. Warum es den Verschwörern so schwer fiel, ihre Eide zu brechen und warum sie so lange dazu neigten, selbst unter Hitler »nur dem König, nicht dem Königtume« oder gar »dem Land« treu zu sein, diese alte Geschichte ist nicht vergangen. Wir lesen sie in »Vor dem Sturm«, wir sehen sie im Oderland.

Der Einspruch des Körpers

Philosophien des Lachens
von Platon bis Plessner – und zurück

AUSGERECHNET in ihrem Aufsatz zum achtzigsten Geburtstag Martin Heideggers behauptete Hannah Arendt, wozu das Lachen gut sei, hätten die Menschen offensichtlich noch nicht entdeckt – »vielleicht weil ihre Denker, die seit eh und je auf das Lachen schlecht zu sprechen waren, sie dabei im Stich gelassen haben, wenn auch hie und da einmal einer über seine unmittelbaren Anlässe sich den Kopf zerbrochen hat«. Sollte Helmuth Plessner dies damals gelesen haben – auf deutsch erschien Arendts Glückwunsch 1969 im Oktoberheft des »Merkur« –, es muß einen alten Groll in ihm bestätigt haben. Seit seinen Anfängen wurde Plessner den Verdacht nicht los, Heideggers Existenzphilosophie habe seiner Philosophischen Anthropologie die Schau gestohlen. »Sein und Zeit« erlebte sein spektakuläres Erscheinen im selben Jahr, in dem Plessners »Die Stufen des Organischen und der Mensch« keine Furore machte. Und nun sprach Heideggers schillernde Lieblingsschülerin vom Lachen, nannte flüchtig die eine oder andere Platon-Stelle, aber Plessners Studie »Lachen und Weinen« war ihr nicht einmal eine Erwähnung wert. Es wird

Plessner, der durchschaut haben dürfte, was hier gespielt wurde, nicht schwergefallen sein, sich eines Lächelns zu erwehren.

Hannah Arendt bezog sich nämlich nicht ohne Hintergedanken auf die berühmte Episode in Platons »Theaitetos«, die davon berichtet, dass Thales von Milet einst des Nachts in einen Brunnen stürzte, weil er seinen Blick forschend auf den Sternenhimmel gerichtet hatte, und dafür von seiner thrakischen Magd ausgelacht wurde. Daran anknüpfend fragte Arendt scheinheilig, warum kein Bauernmädchen gelacht habe, als Platon nach Syrakus aufbrach, um mit dem dortigen Tyrannen einen philosophischen Idealstaat zu errichten. Im historischen Gleichungssystem des Geburtstagsartikels hieß das: Ich, Hannah, bin jenes Bauernmädchen, das zu Recht lachen durfte, als du, Martin, dich an deinen Sternbildern orientierend, eine kurze Strecke mit Adolf Hitler gingest. Und damit hatte Arendt auch eine Antwort auf ihre Frage nach dem Nutzen des Lachens gegeben. Der Spott ging mit milder Salbe über die tiefste Wunde in Heideggers Leben.

Die strategische Verwendung der Thales-Episode in der heiklen Geburtstagsangelegenheit verführte die bauernschlaue New Yorkerin allerdings zu verkürztem Zitat. Denn es lachen bei Platon ja nicht nur die Mägde über die Philosophen, sondern auch die Philosophen über die gemeinen Menschen; die einen kennen das normale Leben nicht, die anderen überschätzen das, was vor ihrer Nase liegt. »Denn

preist man einen Tyrannen, so dünkt es dem Weisen, als ob er irgendeinen Hirten, etwa einen Schweinehirten oder Schäfer oder wacker melkenden Kuhhirten loben hörte; nur ist er der Meinung, dass jene ein noch widerspenstigeres und boshafteres Tier auf die Weide treiben und melken, als die Hirten.«
Das wechselseitige Auslachen markiert jene Grenze zwischen gesundem Menschenverstand und dem »Wohnsitz des Denkens«, deren windungsreichen Verlauf Hans Blumenberg in seiner rezeptionshistorischen Arabeske zum Lachen der Thrakerin nachgezeichnet hat – übrigens ohne von Hannah Arendts hintersinnigem Geburtstagsgruß Notiz zu nehmen.

Die Grenze zwischen dem herkömmlichen Meinen, der *doxa*, und dem philosophischen Denken überwindet beim frühen Platon die sokratische Ironie; sie ist als verfeinertes Untersuchungsinstrument das Äquivalent zum aggressiven Auslachen zwischen bodenständigen Bürgern und weltfremden Philosophen. Gelacht wird in den Platonischen Dialogen zuweilen, wenn ein Licht der Erkenntnis aufgeht. Aber im Prinzip stimmt es, dass Platon dem Lachen, je älter er wurde desto mehr, mißtraute – am meisten in seinen Staatsschriften. In der »Politeia« warnt er vor dem schlechten Vorbild, welches die homerischen Götter mit ihrem »unauslöschlichen Lachen« geben, weil es zu gefährlicher Enthemmung ermuntern könne. Nicht weniger kritisch sieht Platon Tragödie und Komödie, denn beide verlocken zu Exzessen: Die Tragödie lässt bei eigenem Unglück das Selbstmitleid ins Maßlose wachsen, die Komödie macht ihre Zuschauer unvermerkt selbst zu Possenreißern. In den »Nomoi« verlangt Platon zwar, da es nicht möglich sei, ohne Kenntnis des Lächerlichen das Ernste wirklich zu verstehen, und weil die Führer des Staates ohne Wahrnehmung des Lächerlichen Gefahr laufen, sich in Tun und Reden lächerlich zu machen, dieses zu zeigen – aber mit mimischen Darstellungen solcher Art solle man Sklaven und bezahlte Fremde betrauen.

Das Bild, das sich aus diesen Bemerkungen ergibt, ist zu vieldeutig, als dass es eine stabile Tradition hätte begründen können. Dies gelang erst Platons Schüler Aristoteles mit wenigen Bemerkungen zur Anthropologie, zur Ethik sowie zu Poetik und Rhetorik des Lachens, die die europäische Kultur bis weit in die Neuzeit hinein mit wirksamen Formeln versorgten. Gegen Platons Furcht vor dem durch die Schauspielkunst ausgelösten Gefühlsexzess entwickelte Aristoteles seine Theorie der Katharsis; der alte Philologenstreit, ob es sich dabei um eine Läuterung oder eine Abfuhr der Affekte handeln soll, kann hier auf sich beruhen. Wichtig ist, daß damit nicht nur eine Rechtfertigung der Tragödie, sondern ebenso der Komödie, des Spiels mit dem Lächerlichen, möglich wurde. Das Buch der »Poetik«, das der Komödie gewidmet war, ist verloren – um so beständiger wurde die Aristotelische Definition des Lächerlichen zitiert, das dieses als einen »mit

Hässlichkeit verbundenen Fehler, der indes keinen Schmerz und kein Verderben verursacht«, bezeichnet. Schlechte Menschen zeige die Komödie, aber nur in diesem Sinn von Hässlich-Unschädlich. Die Lücken des Verlorenen im Aristotelischen Korpus sind zu groß, um von hier aus den Bogen zu dem einen bedeutungsvollen Satz aus einer Schrift über die Körperteile der Tiere zu schlagen, der sagt, der Mensch sei das einzige Lebewesen, welches lacht. Wie materiell das zu verstehen ist, zeigt der Zusammenhang: An derselben Stelle ist von der Kitzligkeit des Menschen die Rede, die der Zartheit seiner Haut geschuldet ist. In der Lücke zwischen poetologischen und naturwissenschaftlichen Feststellungen muss auch die ästhetische Katharsistheorie ihre Funktion gehabt haben. Dass die Gesetze der antiken Stiltrennung gesellschaftlich begründet waren, zeigt ein Hinweis aus der »Rhetorik« (die den maßvollen Einsatz des Lächerlichen im Rednerstreit empfiehlt), wo es heißt, schon in der »Poetik« sei gezeigt worden, dass es mehrere Arten des Lächerlichen gebe, »von denen die eine sich für den freien Mann schickt, die andere dagegen nicht«. Für einen solchen freien Mann ist die »Nikomachische Ethik« geschrieben, für dessen Muße ein geistvoll-witziges Gespräch in der rechten Mitte zwischen Hölzernheit und Possenreißerei angemessen ist.

Der Mensch ist ein lachendes Lebewesen; er hat Komödien, die seine Lachlust veredeln; als Redner und Plauderer ist er für eine sozial und ästhetisch reglementierte Witzigkeit aufgeschlossen; diese zielt auf Hässlichkeit, auf unschädliche Abweichungen von der Norm. Die Grenzen, die in diesem nüchternen Grundriss gezogen wurden, sind nicht mehr philosophisch, sondern sozial und ästhetisch. Sie umschreiben den prekären Anstand einer auf ihre Würde bedachten Führungsschicht inmitten des Gewühls der mediterranen Stadtbevölkerung. Dabei blieb es bis zum Ende der Antike. Eine Theorie des Lachens hat sie nicht ausgebildet, wohl aber eine Kasuistik des Lächerlichen, die vor allem in der Rhetorik zu Hause war. »Witz hat kein System« (»nullam esse artem salis«), erklärt Cicero gleich anfangs in dem langen Abschnitt, den seine Schrift »De oratore« dem Lächerlichen widmet, aber er sortiert doch zwischen allgemeiner Launigkeit und pointierten Wortwitzen, wiederholt die Aristotelische Definition, dass das Hässliche das Gebiet des Lachens sei, und bei Behandlung der Wortwitze entschlüpft ihm der Gedanke, es sei vor allem enttäuschte Erwartung (»cum aliud expectamus«), die einen Witz zünden lasse. Damit hatte er einen weiteren Klassiker der europäischen Lachtheorie geschaffen, der ebenfalls bis ins 20. Jahrhundert nachwirkte. Viel engherziger, auch politisch korrekter, ist dann in der Kaiserzeit Quintilian, der sich an Cicero anlehnt, teilweise dasselbe Beispielmaterial verwendet (»Wie stellst du dir einen ertappten Ehebrecher vor?« »Langsam.«), aber energisch vor dem Auslachen von Schwachen, von Mächtigen, von Freunden warnt und wie Cicero nie die *gravitas* des Redners, seine autoritative Würde aus dem Augen verliert. Quintilian sortierte gründlicher als Cicero Gattungen des Komischen und gab der Nachwelt vor allem mit dem Begriff der *urbanitas*, dem hauptstädtischen geschliffenen Esprit, ein vielfältig einsetzbares Ideal an die Hand, das die städtischen und höfischen Gesellschaften der Neuzeit immer neu aktualisieren konnten.

Es muss Gründe gegeben haben, so nachdrücklich auf die Würde der Redner zu pochen. Wer die antiken Rhetoriken liest, wird vielleicht zuweilen gähnen, doch sie bezeichnen den Negativabdruck einer Realität, die wir uns nicht krass genug vorstellen dürfen. Cicero selbst gehörte zu jenen Weisen, die, wie er einen Vorläufer zitierte, leichter eine Flamme in ihrem brennenden Mund unterdrücken konnten als ein Bonmot *(bonum dictum)*; seine Invektiven gegen Verres oder Piso muß man sich nur einmal in einer guten Übersetzung – empfohlen sei Manfred Fuhrmann – laut vorlesen, um die heute unvorstellbare Rücksichtslosigkeit des Spottes zu ermessen. Namenswitze, ausführliche Behandlung von körperlichen Gebrechen und sexuellen Vorlieben waren in der antiken Beredsamkeit vor Gericht und in den Parlamenten an der Tagesordnung. Man grimassierte, äffte Stimmen und Dialekte nach, rief Schauspieler zu Hilfe. Ach, könnte man Fernsehkameras in die Vergangenheit richten! Römische Gerichtsszenen – dargeboten in grell bemalter Architektur – wären bessere Quotenbringer als manche unserer laschen Shows.

Und vor den Bühnen trieben allerlei Heilslehrer und Stadtoriginale ihr Wesen. Natürlich gab es Philosophen, die wie Heraklit immer melancholisch wurden, wenn sie sich unter die Menge mischten, während sein Gegenpol Demokrit stets gelacht haben soll: »Alles schien ihm spaßig«. So typisiert es ein von Seneca fixierter Topos aus dem 1. Jahrhundert. Für den Weltmann jedenfalls galt mit Horaz, dass man auch lachend die Wahrheit sagen dürfe, und mancher nahm das mehr als wörtlich. Der Athener Diogenes, so berichtet sein Namensvetter Diogenes Laertius, habe sich einmal auf dem Markt vor aller Augen erst einen heruntergeholt und sich darauf den Bauch gerieben: Schade, dass man so nicht auch den Hunger wegbekommt! »Bei einer Mahlzeit warf man ihm Knochen hin wie einem Hunde, doch er bepisste sie beim Weggehen wie ein Hund.« So sieht der Hintergrund aus für die dauernde Sorge um die *gravitas* und für jene stoische Haltung, die, mit Epiktet, ausgelassenes Lachen untersagte und versicherte, nicht Heiterkeit sei wahre Freude, diese sei vielmehr eine ernste Sache: »Mihi crede, verum gaudium res severa est«, schrieb Seneca an Lucilius – jener Seneca, der mit seiner Verkürbissung des Kaisers Claudius eine der schärfsten Satiren der Antike verfaßt hatte.

Die mittelalterliche Gelehrtenkultur trug das Diktum des Aristoteles vom Menschen als lachendem

Wesen in vielgestaltigen Variationen weiter – bis zu dem Vers am Anfang von Rabelais' »Gargantua und Pantagruel«, der festhält, »que rire est le propre de l'homme«. Mag für Augustinus das Lachen dem niedrigsten Teil des Menschen angehören, es war doch nicht zu leugnen. Schon die Karolingerzeit war entspannter, Notker der Stammler konnte bündig festhalten: »Der Mensch ist ein sterbliches, vernünftiges, zum Lachen befähigtes Lebewesen.« Für Thomas von Aquin gehört das Lachen zu den allgemeinen Gattungseigentümlichkeiten, nicht zur zufällig-individuellen Materie des Menschen, »weil das Lachen aufgrund einer Wahrnehmung der Seele des Menschen geschieht«. Dass viele Kirchenväter und die meisten Ordensregeln das Lachen geradezu verboten, dass noch im 12. Jahrhundert zwischen erlaubtem Lächeln und sündhaftem Gelächter streng unterschieden wurde, gehört zu einer Kulturgeschichte der Heiterkeit, die heute vor allem in Frankreich großes Interesse findet. Die Bibel ist lachfeindlich gerade in ihren prophetischen, lehrhaften Abschnitten, und jeder mittelalterliche Geistliche konnte die entsprechenden Verse herbeten: »Stultus vir in risu exaltat vocem suam; vir autem sapiens vix tacite ridebit« (Ecclesiasticus, 21, 23). Dass die Menschen bei der Geburt heulen, diente beispielsweise in der Schrift »De miseria humanae conditionis« des späteren Papstes Innozenz III., die seit dem späten 12. Jahrhundert in fast 700 Handschriften verbreitet war, als Zeichen für eben diese

Misere. Theologisch ist das Lachen möglich nur in einer gefallenen Welt, ja es hat etwas Teuflisches; und die Frage, ob Christus gelacht habe, bewegte seit dem 4. Jahrhundert die Gelehrten. Da Gott in Jesus ganz Mensch geworden ist, muss er wohl die Fähigkeit zum Lachen gehabt haben; da aber die Evangelien nie davon berichten, wird er sie nie ausgeübt haben, war eine der im 12. Jahrhundert vorgeschlagenen Lösungen.

Lachrealität und Lachtheorie gingen seit dem späteren Mittelalter immer weiter auseinander. Mit dem »Decamerone« des Boccaccio, den nur noch halb ernsten Ritterepen Boiardos und Ariosts, Rabelais' »Gargantua und Pantagruel«, den Clowns und Komödien Shakespeares, Cervantes' »Don Quijote« erwuchs Europa eine glanzvolle volkssprachliche Literatur, welche die Konsequenzen daraus zog, dass das Christentum die antiken Stilgrenzen von Hoch und Niedrig, Erhaben und Elend, Tragisch und Komisch eingerissen hatte, und die im selben Moment den Druck einer metaphysischen Lebensordnung durch befreienden Spott lockerte. Die Erfahrungsbrüche der Neuzeit entbanden einen welthistorisch einzigartigen Humorismus – hat er nicht mehr zur Befreiung des Menschen beigetragen als jede Reformation? –, dessen sprachliche Register seither kaum noch erweitert werden konnten. Armselig ist bis zum 18. Jahrhundert im Vergleich dazu, was die humanistische Schulgelehrsamkeit vorzubringen hatte. Sie klammerte sich an die Formeln des Aristoteles und der römischen Rhetorik. Italienische Poetiken kamen auf den Gedanken, man lache nicht so sehr über ein fremdes Hässliches, als dass man sich über das eigene Glück kontrastiv freue. Das rhetorische Bildungsideal der Spätantike konnte seit Baldassare Castigliones »Cortegiano« unter Bewahrung der meisten Formulierungen zum Verhaltenskodex einer höfischen Gesellschaft umgewidmet werden. »Das, worüber man lacht, ist fast immer etwas, was sich nicht schickt«, erklärte der Italiener. Für Descartes sind Charakterschwächen und Marotten die eigentliche Quelle des Lächerlichen. Im französischen Grand Siècle lagen, einer glücklichen Formulierung Fritz Schalks zufolge, »Spott und Hohn wie Spinnen auf der Lauer«. Das Lächerliche – oder, wie es im barocken Deutsch hieß, die »Auslachens=Würdigkeit« – war der Gegenpol jenes Decorums, der *bienséance*, nach der man am Hof und in der Stadt strebte. Molière: »Das Lächerliche ist die äußere und fühlbare Gestalt, welche die Vorsehung allem Unvernünftigen gegeben hat.« Von da ist es nicht mehr weit zu der verbürgerlichten Version, die Shaftesbury in England diesem Gedanken gab, dem *test of ridicule*, dessen Sinn Niklas Luhmann so zusammengefasst hat: »Über Lächerlichkeit lässt sich das herauspräparieren, was ihr widersteht: die wahre Vernunft und die Natur.« Umgetrieben wurde die empfindsame Aufklärung von Thomas Hobbes' kalter These, Lachen sei eigentlich immer ein Verlachen, es entstehe aus plötzlicher Wahrnehmung eigener Überlegenheit im Vergleich zu fremder Schwäche. Noch Lessing reagierte darauf in der »Hamburgischen Dramaturgie«: »Die Komödie will durch *Lachen* bessern; aber nicht eben durch *Verlachen* ... Ihr wahrer und allgemeiner Nutzen liegt in dem *Lachen* selbst, in der Übung unserer Fähigkeit, das Lächerliche zu bemerken.«

An diesem Punkt empfiehlt es sich, das Seil der Geschichte in seine unterschiedlichen Traditionsstränge aufzulösen und zunächst in der romanischen Welt zu bleiben. Als grandiose Übersteigerung der höfisch-aufklärerischen Theorien des Lächerlichen lässt sich die berühmteste und meistgelesene Behandlung, die dem Lachen je zuteil wurde, verstehen, Henri Bergsons Essay »Le Rire« aus dem Jahre 1900. In der höfischen Kultur war das Lächerliche das Gegenbild des gemessenen Anstands, in der Aufklärung war es das Unvernünftige und Unnatürliche, Narretei und Affektation. In beiden Fällen klärte und bestätigte das Lachen die Norm. Bergson bleibt bei dieser sozialen Funktion des Lachens; seine oft wiederholte Hauptthese ist, dass der eigentliche und einzige Auslöser des Lachens das Mechanische sei, also ein physisch-sozialer Defekt, der beim marionettenhaften Stolpern der Clowns anfängt und über die Tics der Zerstreuten bis zu den pathologischen Erstarrungen von Charakterbildern reicht. Immer geht es um Typen, nicht um Individuen. Komisch ist »Der Eifersüchtige«, tragisch hingegen Othello. Das Mechanische von Verhalten und Sprache, von Form und Ethos, legt sich als »Kruste« über das Leben der Gesellschaft. Solche Trägheit ist das Komische, und das Lachen ist die Strafe dafür. Daher kuriert das Lachen die Gesellschaft von ihren Erstarrungen, es rettet ihre Lebendigkeit gegen die Tyrannei des Buchstaben. »Das Lachen gehört also nicht in das Gebiet der reinen Ästhetik, da es das Nützlichkeitsideal reiner Vervollkommnung verfolgt«, wird Bergson nicht müde zu postulieren. Nun versteht man auch, warum das Lachen nur in der Gruppe möglich ist, denn es dient einer Aufgabe im Leben der Gemeinschaft. Es setzt eine gewisse Unbarmherzigkeit voraus, Kälte, ja eine »Anästhesie des Herzens«, die Abwesenheit von erregten Gefühlen, da es sich ja auf Äußerliches richtet, das in Leblosigkeit erstarrende Leben. Es dient nicht einfach der Moral, denn »ein geschmeidiges Laster ist schwerer lächerlich zu machen als eine unbeugsame Tugend«. Die Komödie ist daher eine Mittlerin von Kunst und Leben, sie ist nicht uninteressiert wie die reine Kunst: »Sie organisiert das Lachen, erkennt also das soziale Leben als ihr natürliches Milieu an, ja, sie dient geradezu einem seiner wichtigsten Impulse und kehrt damit einer Kunst den Rücken, die immer ein Bruch mit der Gesellschaft und eine Rückkehr zur reinen Natur ist.« Das Lächerliche besteht in einem Missverhältnis von Form und Sinn des Sozialen; das von ihm ausgelöste Gelächter ist nicht einfach normbestätigend, es klärt vielmehr die rechte Anwendung der Norm. Der höchste Wert heißt nun nicht mehr Anstand, Vernunft oder Natur, sondern Leben.

Daher hält diese Konzeption auch an dem engen Zusammenhang des lebensweltlich Lächerlichen mit dem ästhetisch Komischen fest, ein Zusammenhang, der in der deutschen Tradition spekulativer Ästhetik programmatisch gelöst wurde. In Deutschland wurden in der Epoche zwischen Lessing und Friedrich Theodor Vischer, von der Mitte des 18. bis zur Mitte des 19. Jahrhunderts, zahllose Theorien des Komischen, des Lächerlichen und des Humors entwickelt, Theorien, die hier nur beiläufig interessieren können, weil vom Lachen in ihnen nur am Rande die Rede ist. Hegels Ästhetik zieht die Grenze zwischen dem Lächerlichen und dem Komischen besonders scharf: »Lächerlich kann jeder Kontrast des Wesentlichen und seiner Erscheinung, des Zwecks und der Mittel werden«. Die Menschen lachen über alles mögliche, das Platteste und das Ernsteste, wenn es nur mit ihrer Gewohnheit und täglichen Anschauung in Widerspruch steht. »Zum Komischen dagegen gehört überhaupt die unendliche Wohlgemuthet und Zuversicht, die Seligkeit und Wohligkeit der Subjektivität, die, ihrer selbst gewiss, die Auflösung ihrer Zwecke und Realisationen ertragen kann. Der steife Verstand«, fährt Hegel aber immerhin fort, »ist dessen gerade da, wo er in seinem Benehmen am lächerlichsten für andere wird, am wenigsten fähig.« Auf dieser Linie unterscheidet Hegel dann auch zwischen verschiedenen Formen des Lachens, das ihm zunächst ein »Ausbruch des Herausplatzens ist, das jedoch nicht haltungslos bleiben darf, wenn nicht das Ideal verloren gehen soll«. Solch haltungsloses Lachen – heute würde man es hemmungslos nennen – ist für Hegel »abstrakt«, seine rein physiologische Gewalt indigniert den Philosophen ebenso wie ein die Stimme der Sängerin gefährdendes Duett in Webers »Oberon«. »Wie anders dagegen ergreift das unauslöschliche Göttergelächter im Homer, das aus der seligen Ruhe der Götter entspringt und nur Heiterkeit und nicht abstrakte Ausgelassenheit ist.«

Beständige Heiterkeit erhält also ein philosophisches Gütesiegel, plötzliches Herausplatzen aber nicht: Man begreift, warum Jean Paul in seiner »Vorschule der Ästhetik« den Abschnitt über das Lächerliche mit dem Stoßseufzer begann: »Das Lachen wollte von jeher nicht in die Definitionen der Philosophen gehen – ausgenommen unwillkürlich«. Auch Jean Paul entwickelte eine Kontrasttheorie des Lächerlichen – zum Beispiel am Missverhältnis von Absichten und Mitteln, das sich aber in Handlungen, etwa den Vorkehrungen eines Hypochonders, gesund zu bleiben, ausprägen müsse; außerdem fügte er zwei Elemente hinzu, den subjektiven Charakter des Komischen, das sich erst im Geist des Betrachters bilde, und die Allmacht und Schnelle der sinnlichen Anschauung, also ein Moment von plötzlicher Evidenz, der auf dem Gebiet des Lachens wohl durchaus jenes von Hegel mit Bann belegte »Herausplatzen« entsprechen müsste. Die Fähigkeit, über alles mögliche zu lachen, ergibt sich im Subjekt aus einem ästhetischen Umschalten in der Wahrnehmung des Wirklichen: »Daher fliegen eine ganze Menge Programmen, gelehrte Anzeiger und Anzeigen und die schwersten Ballen des deutschen Buchhandels, die an und für sich verdrüßlich und ekelhaft hinkriechen, sogleich als Kunstwerke auf, sobald man sich nur denkt (und ihnen also die höheren Motive leiht), daß sie irgendein Mann aus parodierendem Spaße hingeschrieben.« Was für eine Kraftanstrengung – sie wäre wohl schwerlich in heiterer Gesellschaft zu leisten, sondern eher durch einen Sonderling, der beim Schein der Lampe sardonisch in sich hineinkichert. Von solchen Theorien hielt Arthur Schopenhauer herzlich wenig. »Das Lachen entsteht jedesmal aus nichts Anderem, als der plötzlich wahrgenommenen Inkongruenz zwischen einem Begriff und den realen Objekten, die durch ihn, in irgendeiner Beziehung gedacht worden waren.« Es entsteht also im Widerstreit von anschaulichen und abstrakten Vorstellungen, sein Kerngebiet ist der Kategorienfehler. Eine enge, aber schön zu illustrierende Definition, die vor allem zeigt, was dieser Philosoph selbst komisch fand; Schopenhauer erzählt die Anekdote vom Schauspieler Unzelmann: »Nachdem auf dem Berliner Theater alles Improvisieren streng untersagt worden war, hatte er zu Pferde auf der

Bühne zu erscheinen, wobei, als er gerade auf dem Proscenio war, das Pferd Mist fallen ließ, wodurch das Publikum schon zum Lachen bewogen wurde, jedoch sehr viel mehr, als Unzelmann zum Pferde sagte: ›Was machst denn du? Weißt du nicht, daß uns das Improvisieren streng verboten ist?‹« So behält im Konflikt von Angeschautem und Gedachtem das Angeschaute die Oberhand, und »dieser Sieg der anschauenden Erkenntnis über das Denken erfreut uns«. Für die darin beschlossene Lust hat Schopenhauer eine phylogenetische Erklärung: Die Anschauung ist die ursprüngliche, von der tierischen Natur unzertrennliche Erkenntnisweise, sie ist das Medium der Gegenwart, des Genusses und der Fröhlichkeit – im Gegensatz zur Anstrengung, welche uns das Denken auferlegt.

Die Belege für die philosophische Spekulation zum Komischen und Lächerlichen lassen sich fast beliebig vermehren, vor allem, wenn man zu den Fachästhetikern, den Schlegel, Flögel, Sulzer, Solger, Vischer, Fischer und wie sie heißen, geht. Immerhin zwei edle Nachzügler aus dem 20. Jahrhundert seien stellvertretend zitiert: Friedrich Georg Jünger mit seinem viele Motive bündelnden Essay von 1936 und Joachim Ritter mit seiner zuerst 1940 erschienenen, später für die Theoriediskussion im Umfeld der Gruppe »Poetik und Hermeneutik« maßgeblichen Abhandlung über das Lachen. Jüngers Kerngedanke ist konventioneller als viele seiner Nebenbemerkungen. Er entwickelt das Komische aus dem

Kontrast zum Tragischen. Beim tragischen Konflikt sind die Parteien ebenbürtig, der Ausgang bleibt offen. Beim komischen Konflikt herrscht ein Missverhältnis, das Ende ist absehbar. Daher darf auch die Auflösung, die »Replik« nicht maßstabslos, also nicht desaströs ausfallen. Das Lachen, das aus dem Komischen resultiert, ist Genuss an der Überlegenheit, zugleich eine Bejahung jener Ordnung, die in der Auflösung sichtbar wird, ein Akt freudiger Zustimmung; pöbelhaftes Herausplatzen und wahlloses Lustigfinden lehnt Jünger so entschieden ab wie Hegel. Es gibt eine Kultur auch in der Wahrnehmung des Komischen: »Es bedarf einer außerordentlichen Kraft und Freiheit des Geistes, um das Komische dort aufzudecken, wo es niemand vermutet, und Zustände, die das Erhabene und Schöne vortäuschen, der wohlverdienten Lächerlichkeit preiszugeben. Wie gewisse Kräuter das stehende Wasser, in dem sie wuchern, gesund und frisch erhalten, so bewahrt uns die Fähigkeit, das Komische wahrzunehmen, davor, Narren und Ungeheuer zu werden.« Fast französisch, und sehr bedeutungsvoll für ein Leben in der Diktatur! Jünger ließ sich die Gelegenheit nicht entgehen, dem breiten, formlosen deutschen Humor eins aufs Haupt zu geben. »Ein deutscher Aristophanes müßte seine Befähigung zum Komischen durch zwei Eigenschaften nachweisen: er müßte humorlos und ungemütlich sein.«

Komik entsteht nicht zuletzt an der Grenze zweier Zeitalter, sie hat für Jünger auch eine politische Dimension, was er am Don Quijote zeigt, der als freier christlicher Ritter wie eine fremde kriegführende Macht durch ein Land zieht, das längst einer durchgreifenden Verwaltung unterliegt und auf dessen Straßen die Beamten des Königs und der Inquisition eine straffe Ordnung aufrechterhalten. So sind seine Tugenden, Tapferkeit und Courtoisie, zwar »Schall und Rauch, Schatten und Echo geworden«, doch dieses Missverhältnis »ist wie ein Brunnen, dem das Komische in reichem Flusse entspringt«.

Für Joachim Ritter entspringt das Lachen einem Spiel an der Grenze einer jeden Lebensordnung. Diese Grenze wird vom Ernst gesetzt, der immer irgend etwas ausgrenzen und als nichtig deklarieren muss; doch insgeheim gehört auch das Ausgegrenzte und Andere notwendig zu jener Lebensordnung, die es verleugnen will. Ernst und Unernst bedingen einander strukturell, also notwendig, und das Lachen lässt sich als ein Spiel verstehen, »dessen einer Partner das Ausgegrenzte, dessen anderer Partner die ausgrenzende Lebensordnung selbst ist«. Ritter zitierte Platon und Aristoteles, die das Lächerliche auf die irdische Welt beschränken wollten, und gab seinem Gedanken im Gegensatz dazu eine allgemeinere vernunftkritische, ja metaphysische Wendung. Seine Macht gegenüber dem begrenzenden Verstand erhalte das Lachen durch die Fülle des Lebens, die kein Begriff begrenzen könne. Es wird »zur Bewegung, die das vom Verstand Ausgegrenzte ergreift und dem Verstand zuträgt, was Verstand und der verständige Begriff nie fassen können: seine unendliche Fülle und Tiefe«. Das ist ein hoher Beruf, der beliebige Umbesetzungen auf beiden Seiten der Grenze erlaubt, wie Hans Blumenberg in seiner Studie über das Lachen der Thrakerin erschöpfend nachweisen konnte.

Das Lachen als das Andere der Vernunft – dafür gibt es Vorläufer im 19. Jahrhundert: das satanische und nicht selten hohl dröhnende Gelächter Baudelaires und Nietzsches als das Andere des Christentums. Das wahre Lachen entstehe erst mit dem Christentum, das den Menschen Gott unendlich unterlegen, dem Tier aber unendlich überlegen gemacht habe, glaubte Baudelaire. »Aus dem unaufhörlichen Widerspruch beider Unendlichkeiten entsteht das Lachen.« Bei keinem Philosophen wird das Lachen als rhetorische Geste so häufig bemüht wie bei Nietzsche: Es soll ein Lachen der Stärke, der abgeschüttelten Angst, des aufgehobenen Gewissensdrucks, ein »goldenes« Lachen sein, ein »olympisches Laster« – die Stellen sind bekannt. »Lachen heißt: schadenfroh sein, aber mit gutem Gewissen.« Doch hat ein solch heidnisches Gelächter etwas Forciertes, denn es behält Angst und Hölle fest im Blick, und so bleibt es unfrei.

In drei Jahrhunderten Neuzeit haben ganze Kohorten von Philosophen, Ästhetikern, Theologen, Literaten, Weltleuten über das Lächerliche und das Komische nachgedacht. Nur das Lachen kam kaum in den Blick – er blieb fixiert auf seine Auslöser, für die immer allgemeinere Formeln gefunden wurden. Das Lächerliche war zunächst in antiker Tradition das Hässliche und Unpassende; dann fand man es beschlossen in (zuweilen überraschenden, sich plötzlich einstellenden) »Inkongruenzen«, Begriffsoppositionen wie Groß und Klein, Endlich–Unendlich, Anschauung–Begriff, Macht–Ohnmacht, Lebendig–Mechanisch, Gott–Mensch–Tier, man verlegte es an die Grenzen von Vernunft und Weltordnung, von Sinn und Widersinn. Nach Aristoteles musste die Philosophiegeschichte bis zu Kant warten, bevor wieder ein Denker sich näher auf die physische Erscheinung des Gelächters einließ. Er beschrieb es in der »Kritik der Urteilskraft« als »inwendige körperliche Bewegung ..., die unwillkürlich fortdauert«, als eine »wechselseitige Anspannung und Loslassung der elastischen Teile unserer Eingeweide, die sich dem Zwerchfell mitteilt ... wobei die Lunge die Luft mit schnell aufeinander folgenden Absätzen ausstößt, und so eine der Gesundheit zuträglich Bewegung bewirkt«. Diese genaue Betrachtung des physiologischen Vorgangs liegt Kants oft zitierter, aber in ihrer Eigenständigkeit nicht immer gewürdigter Definition des Lachens zugrunde: »Das Lachen ist ein Affekt aus der plötzlichen Verwandlung einer gespannten Erwartung in nichts.« Auch diese Verwandlung setzt eine Inkongruenz voraus, aber bei Kant hat sie zum ersten Mal einen eindeutigen

Richtungssinn: von oben nach unten, von der Anspannung zur Abspannung. Dergleichen bereite Vergnügen, ohne unbedingt dem Urteil gefallen zu müssen, der Effekt ist animalisch, obwohl er auf einer Vorstellung beruht. Wie eine Ausführung dieser kurzen Bemerkungen liest sich Herbert Spencers 1868 erschienener Essay »The Physiology of Laughter«, eine der schönsten Beschreibungen des Lachens überhaupt. Spencer arbeitet mit einem Begriff von »nervöser Energie«, dem er ein über das Physische hinausreichendes Geheimnis durchaus zubilligt; seine Darstellung aber bleibt phänomenologisch. Vorstellungen setzen sich in neuen Vorstellungen, zugleich aber in körperlichen Reaktionen wie Muskelkontraktionen oder Bewegungen der Eingeweide fort, vor allem wenn sonstige körperliche Bewegung zum Spannungsabbau verwehrt ist. Sehr wichtig ist auch für Spencer die jeweilige Richtung von Spannungsabbau und Spannungsaufbau. Enttäuschte Erwartung, entlastete Spannung, setzt überschüssige Energie frei, die in den konvulsivischen Zuckungen des Gelächters abgebaut wird; dagegen bindet starkes Erstaunen oder Erschrecken solche Energie, konzentriert sie auf die Mitte, so dass unsere Gliedmaßen erschlaffen und wir zu taumeln beginnen oder Gegenstände fallen lassen. So wird das Lachen zum greifbarsten Beispiel für die Überschneidung von Gefühlen, Gedanken und Empfindungen auf der einen Seite und der menschlichen Physis auf der anderen.

Mit der Vorstellung einer Bilanz psychischer Energie arbeiten bekanntlich auch psychoanalytische und verhaltensbiologische Konzepte des Lachens. In Sigmund Freuds Theorie lacht der Hörer eines Witzes den Betrag an psychischer Energie ab, der durch die Aufhebung einer Hemmungsbesetzung frei geworden sein soll. Und so wie man beim Witz Hemmungsaufwand spart, so spart man bei der Komik Vorstellungsaufwand, beim Humor Gefühlsaufwand: Immer gibt es einen Überschuss, der nun physiologisch abgetragen werden muss. Und eine stammesgeschichtliche Deutung erkennt im Gelächter vor allem Erleichterung – Erleichterung über eine nicht eingetretene Gefahr, einen ausgebliebenen Kampf, ein Grauen, das sich im Spiel aufgelöst hat – etwa, wenn Erwachsene sich scherzend über einen Säugling beugen, den sie dann nicht mit ihrer Übermacht erdrücken oder fressen, sondern nur kitzeln. In Afrika soll es Stämme geben, deren Mitglieder einander bei der Begrüßung herzlich anlachen – als Ersatz für den Kampf, dessen Möglichkeit man zähnezeigend immerhin signalisiert. All das bleibt im Kantischen Rahmen: die Verwandlung einer Erwartung in nichts, denn diese lässt sich natürlich auch in der aufgehobenen Furcht entdecken oder in der Überwindung einer Hemmung, welche durch den Kurzschluss des Witzes möglich wird.

Vor der Folie solcher Berechnungen, aber auch vor der jahrhundertelangen Tradition, die das Lachen von seinen Anlässen und Umständen her verstand, wird erst die Sonderstellung von Helmuth Plessners Theorie über Lachen und Weinen sichtbar. Plessner bezieht sich weder auf das Dunkel von Vorzeit und Unbewusstem, noch interessiert ihn wirklich das Komische – schon die Zusammenstellung des Lachens mit seinem physiologischen Gegenüber, dem Weinen, zeigt es. Für Plessner sind Lachen und Weinen körperliche Reaktionen im Zentrum von Bewusstsein und Person, ja sie erlauben es geradezu, einen Grundriss der Conditio humana zu entwerfen. Entscheidend ist das Verhältnis zum Körper. Wir sind Körper, sagt Plessner, und leben in einem Leib, und wir haben einen Körper, mit dem wir uns durch den Raum bewegen und den wir als Instrument einsetzen. Diese Doppelung von Leibsein und Körperhaben – eine Folge der Entlassung aus den Automatismen der tierischen Natur – wird nun in den Grenzreaktionen von Lachen und Weinen aufgehoben, die beiden Pole der Ellipse (die exzentrische Positionalität, die Plessners Anthropologie durchgehend postuliert) werden für einen Moment zu einem Punkt zusammengerüttelt. Das Lachen ist eine körperliche Reaktion, bei der wir die Beherrschung des Körperhabens verlieren und ganz Leib werden; doch dieser Kontrollverlust ist eine durchaus sinnvolle Antwort auf eine Situation, die uns einen anderen Ausweg nicht mehr offenlässt. Der Körper übernimmt die Antwort, er führt nun; wir sind lachender Leib, und die kontrollierten Formen der Körpersprache wie Gesten,

Gebärden, Mimik sind ausgeschaltet. Dabei bleiben wir aber Person, das Bewusstsein ist nicht etwa getrübt. So wird das Lachen zum »Gleichnis einer Handlung«, aber nicht wir handeln, »es handelt«; die Beseeltheit des Leibes erreicht hier ihren Höhepunkt: »ein Minus für den Menschen als Person, ein Plus für ihn als leibseelisches Wesen«. Plessner preist dies als schönste Möglichkeit unserer Existenz: »In der Katastrophe noch, die sein sonst beherrschtes Verhältnis zum eigenen Leib erfährt, triumphiert der Mensch und bestätigt sich als Mensch. Durch das entgleitende Hineingeraten und Verfallen in einen körperlichen Vorgang, der zwanghaft abläuft und für sich selbst undurchsichtig ist, durch die Zerstörung der inneren Balance wird das Verhältnis des Menschen zum Körper in eins preisgegeben und wiederhergestellt. Die effektive Unmöglichkeit, einen entsprechenden Ausdruck und eine passende Antwort zu finden, ist zugleich der einzig entsprechende Ausdruck, die einzig passende Antwort.«

Dass die Anlässe des Lachens und Weinens wechseln, gesteht Plessner ohne weiteres zu; sie sind abhängig von Erziehung und Bildung des Einzelnen ebenso wie von der Kultur, in der er lebt. Doch das Lachen an sich, dieses Wechselnkönnen von der Person zum Körper, ist etwas allgemein und ausschließlich Menschliches. Die Entwaffnung der Person, die es signalisiert, hat etwas ganz natürlich Metaphysisches, als Hinweis auf ein Mehr, das sich wie jede gute Metaphysik nicht endgültig formulieren lässt. Sollte Platon davon etwas geahnt haben? Im »Symposion« muss ausgerechnet die Rede des Komödiendichters Aristophanes immer weiter ans Ende geschoben werden, denn er leidet an einem »Schlucken«, das erst durch heftiges Niesen geheilt werden muss, bevor er das Wort nehmen kann. Das Lachen ist der Einspruch des Körpers gegen die Philosophie – man begreift, warum die Denker meist nicht wahrhaben wollten, wozu es gut sein soll. Dabei hatte schon Montaigne bündig erklärt: »Das Besondere unseres Menschseins besteht darin, dass wir zugleich des Lachens fähige und lächerliche Wesen sind« – »nostre propre condition est autant ridicule, que risible«.

Nachwort

OB Goethe ein Zwischenfall ohne Folgen bleibt, das hat jeder seiner Leser selbst in der Hand. Seit einem Jahrzehnt wird er als Diagnostiker der Moderne wiederentdeckt, seit 2008 gar als Autor, dessen Hauptwerk, die »Faust«-Tragödie, den gesamten Weltkreis des Kapitalismus von der ursprünglichen Akkumulation bis zu den Fiktionen des reinen Buchgeldes ausmisst. Daher darf man auch noch einmal auf den genialen »Faustus«-Roman von William Gaddis hinweisen, der erst 1998 ins Deutsche übertragen wurde. Die Züge von jugendlicher Überanstrengtheit, die das 1955 erschienene Riesenwerk zeigt, würde ich fünfzehn Jahre später allerdings etwas deutlicher herausstreichen.

Die hier versammelten Beiträge beschreiben Goethe als Erben der Revolution, die Politik zum Schicksal machte. Goethe hat das mit tiefem Unbehagen erlebt und begriffen. Es ist nicht eine einzelne politische Meinung, sondern dieses anthropologische Unbehagen, das Goethe auch über Burckhardts Entsetzen hinaus immer wieder interessant macht. Damit soll nicht das Zerrbild vom unpolitischen Dichter erneuert werden, sondern, im Gegenteil, durch Historisierung der Blick auf die Person frei gemacht werden. Vergleichende Blicke auf Zeitgenossen und Nachfolger wie Gentz, Burckhardt und Fontane machen die Gegenrechnung zu Goethes imposantem napoleonischen Irrtum auf, den Peter Hacks so begeistert weiterführte.

Als Person, als Genie der Normalität, um Georg Simmels Formel aufzunehmen, bleibt Goethe eine Figur der Freiheit, wenn man über die Grenzen des Politischen hinausblickt. Man kann ihn sogar in eine Typologie des Außenseitertums einfügen, selbst wenn man noch nicht berücksichtigt, dass er ein kühner Verteidiger gleichgeschlechtlicher Liebe war, wie soeben nachgewiesen wurde. Seine Anschauung von Autorität, die Wirkung seiner Person bleiben stärkend gerade unter Bedingungen der Zerstreuung, in denen an eine Gesamtanschauung der Welt, wie Goethe sie erstrebte, nicht im Traum mehr zu denken ist.

Der einleitende Beitrag korrigiert ein einseitiges Bild von Deutschland und mag sich so dem Stück zu Fontanes Preußen an die Seite stellen. Die Abhandlung zum Lachen aus dem Jahre 2002 gilt eigentlich ihrem Ziel, der genialen Anthropologie Helmuth Plessners. Ich bilde mir ein, dass Goethe an ihr Gefallen gefunden hätte.

Die hier gesammelten Essays sind zuerst in folgenden Zeitungen und Zeitschriften erschienen: »Süddeutsche Zeitung«, »Berliner Zeitung«, »Frankfurter Allgemeine Zeitung«, »Merkur« und »Zeitschrift für Ideengeschichte«. Sie stammen außer den beiden genannten Ausnahmen aus den Jahren 2007 bis 2011.

Den beteiligten Redakteuren bin ich zu tiefem Dank verpflichtet, allen voran Kurt Scheel, dem selbstlosen und eigensinnigen Mitherausgeber des »Merkur« an der Seite von Karl Heinz Bohrer. Dank schulde ich auch Anne Hamilton, die diesen Band zusammengestellt hat, und dem Wissenschaftskolleg zu Berlin, das meine Goethe-Studien überhaupt erst ermöglichte.

Berlin, 3. Februar 2013.   G. S.

2013
zu Klampen Verlag
Röse 21 · D-31832 Springe
info@zuklampen.de · www.zuklampen.de

Reihenentwurf: Martin Z. Schröder, Berlin
Satz: textformart, Göttingen
Gesetzt aus Baskerville Ten
Druck: CPI – Clausen & Bosse, Leck

ISBN 978-3-86674-223-9

Bibliographische Information der
Deutschen Nationalbibliothek:
Die Deutsche Nationalbibliothek
verzeichnet diese Publikation in der
Deutschen Nationalbibliographie;
detaillierte bibliographische Daten
sind im Internet abrufbar:
http://dnb.d-nb.de